Kerstin Kuppig

Das große Werkbuch Religion

Kerstin Kuppig

Das große Werkbuch Religion

Eine Ideenkiste voller
Geschichten, Bastelanleitungen,
Spiele und Lieder
für Kindergarten, Schule und Gemeinde

Mit Illustrationen von Bärbel Witzig

HERDER

FREIBURG · BASEL · WIEN

www.herder.de

Umschlaggestaltung Finken & Bumiller
Titelbild: Bärbel Witzig
Satz- und CD-ROM-Gestaltung: SatzWeise, Föhren

Herstellung: fgb · freiburger graphische betriebe
www.fgb.de

Gedruckt auf umweltfreundlichem,
chlorfrei gebleichtem Papier
ISBN 3-451-28377-8

Inhalt

Zur Einführung

1. Über Gott und die Welt
(oder die Frage: Wie halten wir es mit der Religion?) 9
2. Übersicht über die fünf Themenbereiche 13
3. Ideen und Methoden zur Beschäftigung mit religiösen Themen . . 15

1. Im Anfang war das Wort
Altes und Neues Testament

1.1 Der Bibelschrank 19
1.2 Bibelknüller 22
1.3 Spirale 24
1.4 Spruchbuch 26
1.5 Papyrus 29
1.6 Ziegelsteine 31
1.7 Paradiesäpfel 32
1.8 Schiebepuppe Noah 34
1.9 Turmbau zu Babel 37
1.10 Jakobs Traum 39
1.11 Josefs Kleid 45
1.12 Zehn Gebote 48
1.13 Stärkesteine 50
1.14 David und Goliat 52
1.15 Fangfisch mit Jona 53
1.16 Der Prophet 56
1.17 Stabfigur Jesus 58
1.18 Jesu Lebenslauf 60
1.19 Jesus sucht Freunde 62
1.20 Gemeinschaftsbild 64
1.21 Hirte und Schafe 66
1.22 Der Stein 70
1.23 Wer bin ich? 72
1.24 Die Reisen des Apostel Paulus 79

2. Im Anfang erschuf Gott Himmel und Erde

Gott und Schöpfung

2.1 Spurensuche 81
2.2 Was wiegt Gott? 83
2.3 Die Geschichte der Schöpfung 87
2.4 Werke der Schöpfung 92
2.5 Tabelle 94
2.6 Da vertraute Gott die Erde 97
2.7 Zimmergarten 100
2.8 Naturspaziergang 102
2.9 Bedrohte Schöpfung 104
2.10 Die Sonne 105

3. Die Kirche im Dorf lassen

Kirche und Glaube

3.1 Wir bauen eine Kirche 107
3.2 Kirche mit allen Sinnen 108
3.3 Kirchenfenster 111
3.4 Kirchenbausteine 113
3.5 In die Kirche gehen viele Leute 116
3.6 Über Kirche reden 119
3.7 Gott baut ein Haus 123
3.8 Gebetsrollen 125
3.9 Lutherrose 127
3.10 Roter Faden 130

4. Die Feste feiern wie sie fallen

Feste und Feiern

4.1 Advent-Buchstabenkette 133
4.2 Blüten 136
4.3 Ich heiße Barbara 140
4.4 Neid im Sternenhimmel 142
4.5 Der Schlüssel Augustin 146
4.6 Wunschkiste 151
4.7 Würfelspiel 153
4.8 Mandala 155
4.9 Die Weisen aus dem Morgenland 156
4.10 Einzug in Jerusalem 159
4.11 Palmesel und Palmhase 163

4.12 Grüne Törtchen 166
4.13 Karfreitagskreuze 169
4.14 Karfreitag 171
4.15 Osterkrippe 174
4.16 Blühendes Kreuz 175
4.17 Zeichen neuen Lebens 177
4.18 Hausaufgaben in Religion 178
4.19 Früchte der Arbeit 181
4.20 Gewürzbrot 182
4.21 Martins Mantel 184
4.22 Martinsgans 187
4.23 Grüße 190
4.24 Geburtstag 194

5. Wir sind ein Leib

Ich und Du

5.1 Ich-Männchen 197
5.2 Ich-Kann-Anstecker 201
5.3 Blindsein 205
5.4 Wir lösen (d)ein Problem 207
5.5 Die Litfaßsäule 208
5.6 Tankstelle 211
5.7 Wir machen Butter 212
5.8 Das Friedenslicht 214
5.9 Friedensband 219
5.10 Wortcollage 222

Zur Einführung

1. Über Gott und die Welt
(oder die Frage: Wie halten wir es mit der Religion?)

Religion überhaupt, Religionsunterricht oder religiöse Erziehung im Speziellen gelten zur Zeit als antiquiert, nicht zeitgemäß, die Methoden religiöser Erziehung als langweilig, überholt und abgestumpft. Der Religionsunterricht muss sich viel Kritik gefallen lassen. Er soll einem Ethikunterricht und neuerdings sogar einem »Unterricht zur Erziehung von Tugenden und Werten« weichen.

Die Diskussion um eine Weitergabe von Werten an unsere Kinder und Jugendlichen läuft zur Zeit auf Hochtouren. Was bis vor kurzem noch als altmodisch galt, ist neuerdings topaktuell:

Kinder brauchen (wieder) Werte, positive Grundeinstellungen gegenüber dem Leben, Vorbilder, denen sie nacheifern können, sie sollen Toleranz und Achtsamkeit lernen, sie benötigen eine Orientierung für ihr Leben – so wird argumentiert. Das ist richtig und dem stimmt auch jeder zu.

Und genau das – und noch viel mehr – hat sich die religiöse Erziehung in Unterricht und Gruppen seit jeher zur Aufgabe gemacht. Und doch gilt Religion, religiöse Erziehung als langweilig. Und nicht gerade wenige verbannen sie aus ihrem Leben.

Ich frage: Wie halten wir es mit der Religion bzw. der religiösen Erziehung?

Die Religion sucht Antworten auf Fragen, auf die es keine einfachen Antworten gibt: Gibt es Gott? Welchen Sinn hat mein Leben? Und was kommt nach dem Tod? Das Suchen von Antworten auf diese Fragen ist nicht langweilig – es hält lebendig.

Unsere Kultur können wir nur verstehen, wenn wir die jüdisch-christliche Tradition verstehen und Jesus Christus kennen lernen. Das ist keine langweilige Geschichte – das ist unsere lebendige Geschichte.

Wir leben in einer Ellenbogengesellschaft, in der die Stärksten zum Erfolg kommen, egal auf welchem Weg. Gott betont die Würde des Einzelnen und macht sensibel für andere Menschen, deren Leid und Not, deren Sorgen und Ängste. Das ist nicht langweilig – das ist Mitmenschlichkeit.

Nur wenn wir Kenntnisse über andere Religionen und Kulturen haben, können wir zu Toleranz, Respekt und Achtsamkeit, zu einer friedvollen Verständigung untereinander finden. Für den Frieden, die Bewahrung der Schöpfung und Gerechtigkeit einzutreten: Das ist nicht langweilig – das ist eine verantwortungsvolle Aufgabe.

Biblische Geschichten und deren Personen kennen zu lernen, ist nicht langweilig – es kann dem Einzelnen eine Hilfe sein, die Welt besser zu verstehen.

Religiöse Erziehung im Dialog mit Andersdenken und Andersglaubenden eröffnet Spielräume, den eigenen Standort zu finden und ihn zu befragen. Dazu gehört auch eine kritische Auseinandersetzung mit der eigenen Religion. Das ist nicht langweilig – das geht mich was an.

Mit »Dem großen Werkbuch Religion« möchte ich dem Vorurteil widersprechen, dass Religion langweilig ist und nur fertige (altmodische) Antworten parat hat. Alle Kinder von 5–14 Jahren, aber auch alle Erzieher aus Kindergärten, alle Lehrer in Schulen und alle Gruppenleiter und Referenten aus den verschiedensten Gemeinden sind herzlich eingeladen zu basteln, zu singen, zu spielen, Geschichten zu hören, Bilder anzuschauen, zu tanzen, zu kochen und ins Gespräch zu kommen, um religiöse Inhalte mit Kindern sinnenfroh und lebendig zu erleben.

Die beiliegende CD-ROM erleichtert das Arbeiten an und mit den Modellen bei Bedarf per Computer-Ausdruck. Die geltenden Urheber- und Leistungsrechte sind dabei zu beachten. Sie erlauben keine gewerbliche Nutzung und Weiterverbreitung über den eigenen, nicht kommerziellen Gebrauch des Erwerbers in seinem umgrenzten Tätigkeitsfeld hinaus.

Auf der CD-ROM ist das gedruckte Buch als pdf-Datei abgespeichert. Dabei ist einmal das gesamte Buch an einem Stück vorhanden, das ein rasches Durchblättern oder Suchen ermöglicht. Alle Kapitel sind zusätzlich als Einzeldokumente angelegt, welche ausgedruckt werden können. Kopiervorlagen, die auf der CD-ROM zusätzlich in DIN A4-Format angelegt sind, sind im Buch mit einer Lupe (🔍) gekennzeichnet.

P.S. Und wenn Ihnen die hier zusammengestellten Ideen dennoch zu langweilig sein sollten – kein Problem: Machen Sie was daraus. »Das große Werkbuch Religion« ist ein Werkbuch! »Werkeln« Sie mit den Ideen, verändern, probieren, kombinieren, ergänzen, variieren Sie und schneiden Sie alles auf Ihre persönliche Praxis zu. Dann wird Ihnen bestimmt nicht langweilig werden!

2. Übersicht über die fünf Themenbereiche

1. Im Anfang war das Wort
Altes und Neues Testament

In diesem Kapitel geht es um das »Buch der Bücher«. Die Bibel selbst und Geschichten des biblischen Glaubens sollen kennen gelernt werden. Biblische Personen werden vorgestellt und mit dem eigenen Leben in Beziehung gesetzt. Wir begegnen sowohl Personen des Alten Testaments als auch des Neuen Testaments.

Die vorgestellten Ideen folgen dabei dem Aufbau der Bibel. Zunächst finden sich Ideen rund um das Buch der Bücher selbst; dann zum Alten Testament und zum Neuen Testament.

2. Im Anfang erschuf Gott Himmel und Erde
Gott und Schöpfung

Zentrales Thema des christlichen Glaubens ist die Frage nach Gott und das Bekenntnis zu Gott. Die Auseinandersetzung mit dem Gottesglauben bewegt sich zwischen Fragen nach der Existenz Gottes und dem biblischen Verständnis von Gott. In diesem Kapitel wird Gott als der Schöpfer des Himmels und der Erde befragt; wir setzen uns mit der Schöpfung als Ganzes, sowie mit Schöpfungselementen auseinander. Gottes Auftrag an uns Menschen, die Erde zu bebauen und zu bewahren, wird angesprochen.

Die hier vorgestellten Ideen beginnen bei Gott, dem Schöpfer des Himmels und der Erde selbst. Dann geht es um die Schöpfungsgeschichte, die Werke und Schönheit der Schöpfung bis hin zu ihrer Bedrohung.

3. Die Kirche im Dorf lassen
Kirche und Glaube

Die Frage nach der eigenen (gelebten) Religion und dem Glauben anderer beschäftigt Befürworter wie Gegner von Kirche. Was bedeutet Kirche aber eigentlich? Wird das Haus Kirche nicht erst durch die Menschen und ihre Geschichte lebendig? Dieses Kapitel beschäftigt sich daher sowohl mit der Kirche als Gebäude als auch mit der Kirche als Gemeinde und mit Menschen der (Kirchen-)Geschichte.

Zunächst geht es um die Kirche als Haus und Gebäude und dann um die Gemeinde, die diese Kirche zu einer Glaubensgemeinschaft werden lässt. Zum Schluss machen wir einen Ausflug in die islamische Religion.

4. Die Feste feiern wie sie fallen

Feste und Feiern

Feste zählen zu den Höhepunkten in unserem Leben. Viele religiöse Festlichkeiten erinnern an bedeutende Ereignisse und Personen. Sie bringen Glaubensinhalte zum Ausdruck und geben religiöse Traditionen weiter. In diesem Kapitel werden Ideen angeboten, sowohl christliche als auch weltliche Feste zu gestalten und in ihrer Bedeutung zu hinterfragen.

Die Feste werden in ihrer Abfolge im Kirchenjahr vorgestellt.

5. Wir sind ein Leib

Ich und Du

Religiöses Leben hat immer einen Gemeinschaftsbezug. Eigene Lebenssituationen werden mit Grunderfahrungen menschlichen Lebens verbunden und befragt, um Impulse für eigenes verantwortliches Handeln zu gewinnen. Der Dialog ist ein Grundelement sozialen Zusammenlebens, in dem Akzeptanz und Respekt gegenüber Andersdenkenden und Andersglaubenden selbstverständlich sein sollen. So stellt dieses Kapitel Ideen zum emotionalen und sozialen Lernen in der Gruppe vor, wobei Ich-Verantwortung und Du-Akzeptanz Handlungsmuster sind.

Die hier gemachten Vorschläge gehen vom Ich über das Du zum Wir.

3. Ideen und Methoden zur Beschäftigung mit religiösen Themen

Es gibt verschiedene Möglichkeiten die Vielzahl biblischer Themen abwechslungsreich zu erarbeiten und zu gestalten und die Inhalte verständlich zu machen.

In diesem Kapitel werden lediglich die Ideen und Methoden näher vorgestellt, die im »Großen Werkbuch« Anwendung finden. Zur besseren Orientierung ist jeder Methode ein Symbol zugeordnet, so dass schon beim Durchblättern der Ideen sichtbar ist, welche Form der Arbeitsanregung gewählt worden ist. Manchmal sind auch mehrere Methoden miteinander kombiniert.

Basteln/Gestalten

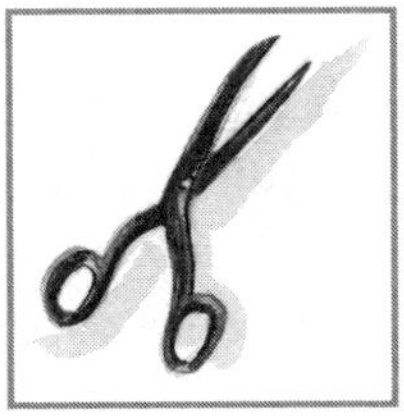

Das Basteln ist eine Möglichkeit religiöse Inhalte zu bearbeiten oder erarbeiten, sie nachzuerleben oder nachzuempfinden. Trotz genauer Bastelanleitungen bleibt stets Raum für schöpferisch-kreative Gestaltungsformen. Mit dem praktisch-herstellenden, ästhetisch-gestaltenden Aspekt verbinden sich kreatives Denken, Eigeninitiative, Kommunikation und Interaktion. Die gestalterische Konkretion lässt Religion sichtbar werden.

Bei allen Bastelvorschlägen wurde auf eine leichte Handhabung und einen geringen Kosten- und Zeitaufwand geachtet. Fast alle Bastelformen können vom Gruppenleiter selbst variiert und auf andere Themen oder Altersgruppen übertragen werden.

Die Bastelarbeiten können vielfältige Einsatzmöglichkeiten finden, z.B. als Einstieg in eine Thematik, zur Wiederholung, Übung, Vertiefung oder Festigung.

Spielen

Im Spiel können ebenso wie beim Basteln religiöse Inhalte vertieft und inhaltlich durchdrungen werden. Die Kinder lernen im Spiel Religion kennen ohne sie als langweilig zu empfinden.

Musik machen/Lieder singen/Tanzen

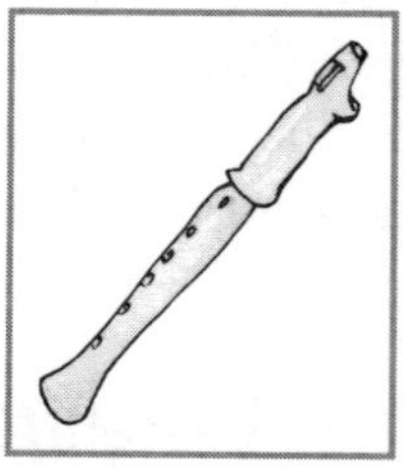

Religion soll lebendig sein. Dazu tragen die vorgestellten Lieder bei. Sie greifen Themenbereiche inhaltlich auf und vertiefen sie. Einige fordern geradezu dazu auf, sie in Bewegung umzusetzen.

Texte schreiben/Geschichten hören

Kinder hören meist mit Begeisterung (biblische) Geschichten. In ihrem Kopf werden dadurch Personen lebendig und Handlungen tauchen vor dem inneren Auge auf und setzen sich in der Erinnerung fest. Biblische Geschichten zu hören ist wie ein Stück »Religion im Kopf«, die aber auch das Herz anrührt. In jeder gehörten Geschichte schwingen Gefühle mit, man versetzt sich in die Situation der Hauptperson und in die Handlung selbst hinein.

Neben der »gehörten Religion« geht es bei der ein oder anderen vorgestellten Idee aber auch darum, eigene Gefühle, Gedanken und Assoziationen, sowie Erfahrungen und Vorwissen aufs Papier zu bringen.

Im Gespräch etwas erarbeiten

Religion ohne Sprache ist undenkbar. Gesprochenes Wort und Glaube gehören untrennbar zusammen.

Hier geht es darum, im Austausch mit anderen religiöse Inhalte zu erschließen, Erfahrungen und Vorerfahrungen auszutauschen und Gehörtes zu überprüfen.

Kochen

Hier gibt es Religion, die jedem schmeckt. Einfache Rezepte, die nur wenige Zutaten benötigen und garantiert gelingen, finden sich unter diesem Symbol.

Bild anschauen

Die Bilder lenken unseren Blick auf einen thematischen Aspekt und führen uns religiöse Inhalte im wahrsten Sinne des Wortes vor Augen. Sie konkretisieren die Vorstellungen zu religiösen Inhalten und fordern zu intensiver Betrachtung heraus.

1. Im Anfang war das Wort

Altes und Neues Testament

1.1 Der Bibelschrank

Thema:	*Bibel* *Bücher der Bibel/* *Aufbau der Bibel*
Alter:	*ab ca. 8 Jahre*
Personen:	*Einzel- oder Gruppenarbeit*
Dauer:	*ca. 15 Minuten (Alternativvorschlag mindestens 45 Minuten)*
Material:	*pro Kind eine Kopiervorlage* *weißes, festes Zeichenpapier oder Tonpapier im DIN A4-Format für jedes Kind* *Scheren* *Klebstoff* *Farbstifte* *evtl. Bibeln*
Vorbereitungen:	*Kopiervorlagen entsprechend der Teilnehmerzahl kopieren* *benötigtes Material bereitlegen*

Hinführung

Der Bibelschrank veranschaulicht, dass die Bibel nicht nur ein Buch ist, sondern aus einer Sammlung von Büchern bzw. Schriften besteht. Die äußere Einteilung in zwei Schrankhälften verweist auf die Zweiteiligkeit der Bibel (AT/NT). Eine weitere Untergliederung durch Schrankfächer unterstützt auch optisch das Einprägen der Einteilung in Geschichtsbücher, poetische bzw. Lehrbücher, prophetische Bücher im Alten Testament und in die Evangelien mit der Apostelgeschichte, die Briefe und – gesondert – die Offenbarung des Johannes im Neuen Testament. Eine farbliche Ausgestaltung kann die Gliederungen innerhalb der Bibel unterstreichen.

Durch die Bastelarbeit wird die Weitergabe sachkundlicher und historischer Informationen gestützt; Einsichten in die Entstehungsgeschichte der Bibel können ansatzweise gewonnen werden. Der Bibelschrank ist eine Orientierungshilfe im sachgemäßen Umgang mit dem Aufbau und der Gliederung der Bibel und schafft ein Gerüst an Grundbegriffen (AT/NT/Geschichtsbücher etc.) für die weitere Beschäftigung mit der Bibel. Die Vielgestaltigkeit des Begegnungsfeldes mit der Bibel wird angebahnt.

Durchführung

- Die Kopiervorlage wird entlang der gestrichelten Linien nach innen gefaltet (es entstehen die Schranktüren) und auf ein weißes, festes Blatt geklebt.
- Auf dieses Blatt malt man ein gemütliches Umfeld.
- Die Schranktüren werden mit Griffen versehen und angemalt.
- Über den Schrank schreibt man: »Die Bibel ist kein Buch,« unter dem Schrank steht die Fortsetzung »sondern eine Bücherei« .

Alternative

Man löscht die Namen der biblischen Bücher auf der Kopiervorlage vor dem Vervielfältigen mit Tipp-ex aus. (Auf der CD-ROM ist dieser Arbeitsschritt in einer zusätzlich abgespeicherten Datei bereits ausgeführt.) Die Teilnehmer versuchen mit Hilfe einer Bibel die Buchrücken mit den entsprechenden Namen selbständig zu beschriften.

Altes Testament
Neues Testament
Geschichtsbücher
Genesis
Exodus
Levitikus
Numeri
Deuteronomium
Dichtung
Hiob
Psalmen
Sprichwörter
Kohelet
Hohelied
Weisheit
Jesus Sirach
Geschichtsbücher
Matthäus
Markus
Lukas
Johannes
1. Thessalonicher
2. Thessalonicher
1. Timotheus
2. Timotheus
Josua
Richter
Rut
Propheten
Jesaja
Jeremia
Klagelieder
Baruch
Ezechiel
Daniel
Apostel Geschichte
Titus
Philemon
Hebräer
1. Samuel
2. Samuel
1. Könige
2. Könige
1. Chronik
2. Chronik
Nahum
Hosea
Joel
Amos
Obadja
Jona
Micha
Briefe
Römer
1. Korinther
2. Korinther
1. Johannes
2. Johannes
3. Johannes
1. Petrus
2. Petrus
Jakobus
Judas
Esra
Nehemia
Tobit
Judit
Ester
1. Makkabäer
2. Makkabäer
Habakuk
Zephania
Haggai
Sacharja
Maleachi
Galater
Epheser
Philipper
Kolosser
Offenbarung

1.2 Bibelknüller

Thema: *Bibel*
Biblische Texte
Alter: *ab ca. 14 Jahre*
Personen: *Einzel- und Gruppenarbeit*
Dauer: *mindestens 40 Minuten*
Material: *verschiedene Bibelausgaben*
Papier
Stifte
Klebstoff
Plakatkarton mindestens DIN A2-Format oder größer
Kopiergerät
Vorbereitungen: *Materialien bereitstellen*

Hinführung

Diese Idee eignet sich vor allem zum Einstieg in die Arbeit mit biblischen Texten. Die Kinder können so auf spielerische Weise einen ersten Einblick in biblische Textsorten und Inhalte erhalten, der ihnen bislang vielleicht fremd ist. Aversionen gegen die Beschäftigung mit diesen alten Texten können aufgebrochen werden. Es ist empfehlenswert, einzelne Bücher für die Beschäftigung und Auswahl vorzugeben. Hier bieten sich z.B. an: Hohelied 7;8, Römer 15, Jesaja 5, Sprichwörter 3.

Der Begriff »Bibelknüller« wird durch die optische Ausgestaltung untermalt. Betrachter der Bibelknüller werden zum Innehalten und Nachdenken angeregt, ein Dialog kann sich entspinnen, weitere Bibelknüller werden gesucht: Das Interesse ist geweckt.

Auch im Rahmen einer Bibelausstellung können die Plakate mit den Bibelknüllern ihren Platz finden.

Sinn dieser Übung ist es, dass sich jedes Kind einzeln oder in der Kleingruppe mit Texten der Bibel beschäftigt, indem Texte ausgesucht werden, die provozieren, Neugier wecken, verwundern, persönlich betroffen machen, zum Nachdenken anregen oder Lieblingstexte sind.

Durchführung

- Die ausgewählten Texte oder Textpassagen werden kopiert, vergrößert oder auf DIN A4-Blätter abgeschrieben bzw. mit Schrift ausgestaltet.

- Die ausgewählten Texte werden anschließend den übrigen Gruppenmitgliedern vorgetragen.
- Dann zerknüllt jeder seinen Text, so dass der Text trotzdem im ganzen erkenn- und lesbar bleibt.
- Die Bibelknüller werden auf ein großes Plakat geklebt und aufgehängt.

Alternative

Der Gruppenleiter hat aus besprochenen biblischen Geschichten Textpassagen kopiert und zerknüllt. Jedes Kind darf sich nun einen Knüller nehmen und anhand der Textpassage die dazugehörige Geschichte nacherzählen.

1.3 Spirale

Thema:	*(biblische)* *Sprüche* *(biblische) Texte*
Alter:	*ab ca. 9 Jahre*
Personen:	*(Einzel-) und Gruppenarbeit*
Dauer:	*ca. 30 Minuten*
Material:	*Papier* *Schere* *Stifte* *Nadel* *Faden* *Bibel/Textsammlungen*
Vorbereitungen:	*Kopiervorlagen in ausreichender Anzahl bereit halten* *Material bereitstellen*

Hinführung

Die Spirale veranschaulicht durch ihre Form die Dynamik eines Spruches. Sätze, Gedanken, Psalmen, Worte werden vertieft und in sich und in uns bewegt. Das Schreiben in Spiralform schafft darüber hinaus Stille. Die Bastelarbeit zeigt, dass die jeweilige Aussage auf der Spirale Kreise zieht. Werden z.B. Kernsätze einer Geschichte herausgeschrieben, so beginnt man außen mit dem Schreiben; dadurch steht der wichtigste Satz in der Mitte. Sicher ist solch eine Spirale auch eine Merkhilfe. Um die Spiralen aufhängen zu können, empfiehlt es sich, einen stark verzweigten Ast an der Decke aufzuhängen. Dort können auch andere Bastelarbeiten gesammelt werden.

Durchführung

- Die Spirale wird zunächst von außen nach innen beschriftet und dann entlang der gestrichelten Linie ausgeschnitten.
- Durch den Punkt fädelt man mit der Nadel den Faden zum Aufhängen.

Alternative

Die Teilnehmer beschriften die Spiralen mit »Worten, die sie in ihrem Herzen bewegen wollen« und hängen die Spiralen im Gruppenraum von der Decke herab.

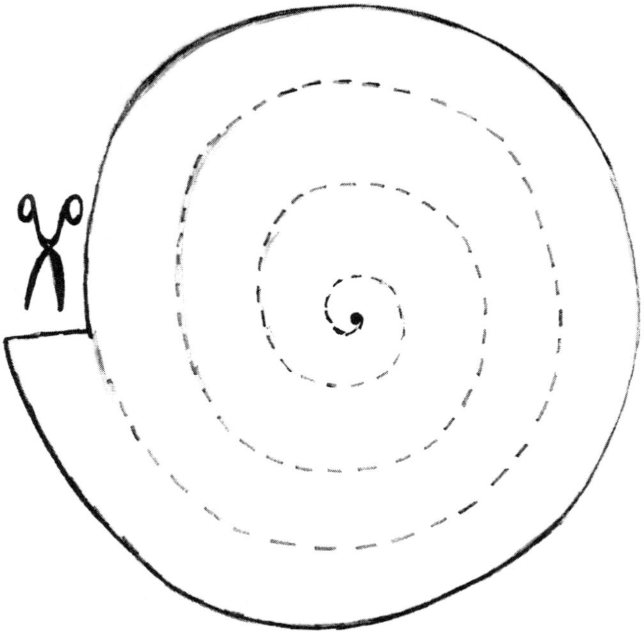

1.4 Spruchbuch

Thema:	*Bibel*
Alter:	*ab ca. 8 Jahre* *Bastelarbeit/Besprechung der Sprüche ab ca. 11 Jahre*
Personen:	*Einzel- und Gruppenarbeit*
Dauer:	*ca. 15 Minuten (reine Bastelarbeit und Beschriftung)* *ca. 40 Minuten (wenn die Texte auch besprochen werden und die Bücher farblich ausgestaltet werden)*
Material:	*variiert je nach Vorgehensweise:* *Bibeln* *Textsammlungen* *Kopien von Psalmen und Textauszügen* *Kopiervorlagen* *Schere* *Klebstoff* *Stifte*
Vorbereitungen:	*Entsprechend der Anzahl der Kinder die Kopiervorlage vervielfältigen und (Text-)Material bereitstellen.*

Hinführung

Berichten ältere Menschen von ihren Erfahrungen mit Religionsunterricht oder allgemein kirchlichem Unterricht, so hört man sehr oft vom lästigen Auswendiglernen irgendwelcher frommen Sprüche. Für viele waren diese Sätze aber später lebensbegleitend, haben sich fest eingeprägt und sind fast zu einer Art Leitsatz geworden. Diese Bastelarbeit ist kein Plädoyer für das erneute Auswendiglernen von Bibelsprüchen. Aber sie soll Gelegenheit geben, die Zeilen zu bewahren, von deren Inhalt wir berührt sind, Gedanken festzuhalten, die wir an andere weitergeben wollen, Segenswünsche und Grüße, Gebete und Psalmen.

Damit diese kleinen Texte nicht lieblos auf ein Stück Papier gekritzelt werden, das dann doch zerknittert irgendwann verloren geht, basteln wir ein kleines aufgeschlagenes Buch, das wir uns auf den Schreibtisch stellen oder auch an die Wand hängen können. Versehen mit dem Tauf- oder Konfirmationsspruch, ist es ein nettes Geschenk.

Durchführung

- Die Kinder wählen entweder aus vorgegebenen Texten oder der Bibel einen Psalm, einen Vers oder einen Satz aus, der sie besonders anspricht.
- Dadurch kommt es über die Auseinandersetzung mit dem biblischen Text meist auch zu einem Staunen, wie lebensnah, praktisch, interessant und aktuell die Bibel heute noch ist. Ein Nachdenken, Austauschen und Begründen der Wahl des Spruches schließt sich unweigerlich an.
- Die beiden Teile der Kopiervorlage (Buchrücken bzw. Unterlage und Buchseiten) werden auf festes Papier übertragen und ausgeschnitten.
- Die Buchseiten werden beschriftet und eventuell farblich ausgestaltet.
- Die mittlere gestrichelte Linie der »Buchseiten« wird nach innen gefaltet; die beiden äußeren gestrichelten Linien werden nach hinten gefaltet. Die so entstandenen Flächen dienen nachher als Klebeflächen.
- Die Klebeflächen werden mit Klebstoff eingestrichen und auf die schraffierten Flächen des »Buchrückens« geklebt. Durch die Faltung stehen die Buchseiten leicht gewölbt nach oben.

1.5 Papyrus

Thema:	*Schreibmaterialien der Bibel* *Ägypten*
Alter:	*ab ca. 8 Jahre*
Personen:	*Einzel- und Gruppenarbeit*
Dauer:	*ca. 30 Minuten*
Material:	*Elefantenhaut, Pergamentpapier oder beiges Papier im DIN A4-Format* *Lineal* *Bleistift* *Klebstoff* *Hebräisches Alphabet* *Filzstift*
Vorbereitungen:	*Papierstreifen in 1 cm Breite und ca. 15 cm Länge ausschneiden (bei jüngeren Kindern, können die Streifen auch breiter sein), so dass jedem Kind 30 Streifen zur Verfügung stehen (oder von den Kindern selbst anfertigen lassen)*

Hinführung

Wir kennen verschiedene Schreibmaterialien der Bibel. Bereits 3000 v. Chr. gelang es den Ägyptern aus dem Mark der Papyrusstaude ein leichtes Schreibmaterial herzustellen.

Durchführung

- Die Kinder legen 15 schmale Papierstreifen senkrecht dicht nebeneinander.
- Dann kleben sie die 15 anderen Papierstreifen jeweils waagerecht darüber.
- Ist der Klebstoff getrocknet, beschriften sie ihr Papyrus. Sie schreiben anhand des hebräischen Alphabets ihre Namen oder einen Bibelvers auf. (Achtung: Daran denken, von links nach rechts zu schreiben; Umlaute und Selbstlaute fehlen.)

Variante

Nachdem jeder sein Papyrus beschriftet hat, zerschneidet er es in größere Puzzleteile. Diese werden an ein anderes Kind aus der Gruppe weitergegeben. Das Kind fügt die Puzzleteile wieder zusammen und versucht das Geschriebene zu entschlüsseln. So vollziehen die Kinder die Arbeit der Forscher nach. Auch die Forscher setzten die Bruchstücke ihrer Funde sorgfältig zusammen und konnten dann erst versuchen, die Texte zu lesen.

א	a, o	Aleph	1
ב	b, v	Beth	2
ג	g	Gimel	3
ד	d	Daleth	4
ה	h	He	5
ו	w	Waw	6
ז	s, z	Zajin	7
ח	ch	Chet	8
ט	t	Tet	9
י	y	Jod	10
ך	k	Kaph am Ende	20
כ	k	Kaph	
ל	l	Lamed	30
ם	m	Mem am Ende	40
מ	m	Mem	
ן	n	Nun am Ende	50
נ	n	Nun	
ס	s	Samech	60
ע	e, ä	Ajin	70
ף	p, f	Pe am Ende	80
פ	p, f	Pe	
ץ	z	Sade am Ende	90
צ	z	Sade	
ק	q	Qoph	100
ר	r	Resch	200
ש	sch	Sin, Schin	300
ת	t	Taw	400

1.6 Ziegelsteine

Thema:	*Das Volk Israel wandert durch die Wüste*
	Mose
	Ägypten
	Sklavenarbeit
	Pyramiden
Alter:	*ab ca. 8 Jahre*
Personen:	*Einzel- und Gruppenarbeit*
Dauer:	*ca. 30 Minuten*
Material:	*lufttrocknende Modelliermasse oder Ton*
	Stroh
	evtl. ein Messer
Vorbereitungen:	*Materialien bereitstellen*

Hinführung

Die Israeliten mussten während ihrer Gefangenschaft zum Bau der Pyramiden Ziegelsteine herstellen. Die Bastelarbeit greift dies auf.

Durchführung

- Jedes Kind bekommt etwas Stroh und Ton.
- Das Stroh wird mit den Händen in kleine Stücke gerissen.
- Der Ton wird in den Händen weich geknetet.
- Anschließend wird beides miteinander vermengt.
- Mit den Händen werden Ziegel geformt.
- Die Ziegel an der Luft trocknen lassen.
- Anschließend kann die Gruppe aus allen Ziegeln gemeinsam eine Pyramide bauen oder ein kleines Haus, wie es vielleicht am Nil gestanden haben könnte.

1.7 Paradiesäpfel

Thema:	*Adam und Eva* *Schöpfung* *Vertreibung aus dem Paradies*
Alter:	*ab ca. 6 Jahre*
Personen:	*I und II*
Dauer:	*ca. 20 Minuten*
Vorlesedauer:	*ca. 3 Minuten*
Material:	*die im Rezept ausgewiesenen Zutaten (Äpfel, Zucker, Essig, rote Lebensmittelfarbe, Wasser, Butter) und Materialien (kleiner Topf, Teller, Holzspieße, Backpinsel)*
Vorbereitungen:	*Zutaten und Materialien bereitlegen*

Hinführung

Die meisten von uns kennen die sogenannten »Paradiesäpfel« von der Kirmes.

Wir können sie aber auch selbst herstellen, nachdem wir die biblische Geschichte von der Vertreibung aus dem Paradies gehört haben.

Durchführung

Nach folgendem Rezept stellen wir selbst Paradiesäpfel her.

Für vier Äpfel brauchen wir:

Zutaten:
- 4 mittelgroße Äpfel,
- 200 g weißen Zucker
- 1 Teel. Essig
- 4 Tropfen rote Lebensmittelfarbe
- 100 ml Wasser
- etwas Butter
- außerdem: einen flachen Teller, einen kleinen Kochtopf, vier Holzspieße z. B. Schaschlikstäbe, einen Backpinsel

Zubereitung:
- Zuerst wäschst du die Äpfel und trocknest sie ab.
- Dann steckst du einen Holzspieß fest in die Mitte der Äpfel.
- Den Teller bestreichst du dünn mit etwas Butter, damit du darauf später die fertigen Äpfel ablegen kannst.
- Nun vermischst du das Wasser, den Zucker, den Essig und die Lebensmittelfarbe

in dem kleinen Topf und bringst die Masse zum Kochen. Bei geringer Hitze kochst du die Flüssigkeit ungefähr fünf Minuten lang.

- Jetzt hältst du die Äpfel am Holzspieß fest und tauchst und drehst sie so in die Flüssigkeit, dass sie vollständig mit der Glasur bedeckt sind.
- Zum Trocknen legst du die Äpfel auf den mit Butter bepinselten Teller.

Geschichte »Vertreibung aus dem Paradies« (Erzählvorschlag)

Gott schuf den ersten Menschen und nannte ihn Adam. Damit er nicht so alleine sein musste schuf er noch einen zweiten Menschen und nannte sie Eva. Adam und Eva waren die ersten Menschen. Sie lebten in einem wunderschönen Garten, einem Paradiesgarten. In diesem Garten wuchsen die schönsten Pflanzen und Bäume. In der Mitte des Gartens standen zwei ganz besondere Bäume. Einer hieß der Baum des Lebens. Wer von seinen Früchten aß, musste nicht sterben. Der andere hieß der Baum des Wissens. Wer von ihm aß, bekam großes Wissen geschenkt.

Gott sprach zu Adam und Eva: »Von allen Bäumen im Garten dürft ihr Früchte essen, so viel ihr wollt. Nur vom Baum des Wissens dürft ihr nichts essen, sonst werdet ihr sterben.«

Eines Tages kam eine schlaue Schlange, die auch im Garten lebte, zu Eva und fragte: »Hat Gott wirklich gesagt, ihr dürft keine Frucht von den Bäumen im Garten essen?« Eva antwortete: »Nein, er hat gesagt, wir dürfen von allen Früchten essen, nur nicht die Früchte vom Baum des Wissens. Sonst müssen wir sterben.«

Die Schlange sagte zu Eva: »Ihr müsst bestimmt nicht sterben. Gott wollte nur nicht, dass ihr davon esst, weil ihr dann alles wisst. Euch werden die Augen aufgehen. Ihr werdet dann wie Gott und erkennt Gut und Böse. Und dann braucht ihr Gott nicht mehr.«

Eva schaute sehnsüchtig zu den Früchten des Baumes. Sie sahen wirklich verlockend aus. Da nahm sie auch schon eine Frucht vom Baum des Wissens und gab auch Adam eine. Sie bissen beide in die Frucht.

Da gingen ihnen die Augen auf und sie sahen, dass sie nackt waren. Sie rissen Blätter von einem Feigenbaum und machten sich daraus Schürzen, die sie sich umbanden.

Am Abend ging Gott durch den Garten. Als Adam und Eva ihn hörten, versteckten sie sich hinter Büschen und Sträuchern. Gott rief: »Wo bist du, Adam?« Adam antwortete: »Ich habe gehört, dass du kommst, da habe ich mich versteckt, weil ich nackt bin.« Gott fragte: »Woher weißt du, dass du nackt bist? Hast du etwa vom Baum des Wissens gegessen?« Adam antwortete schnell: »Eva hat mir die Frucht gegeben.« »Warum hast du das getan?«, wollte Gott von Eva wissen. Eva redete sich heraus: »Die Schlange hat mich dazu verführt.«

Da sagte Gott zu den Menschen: »Ihr müsst diesen Garten verlassen. Viele Schmerzen und viel Leid werdet ihr außerhalb des Gartens kennen lernen. Euer Leben wird schwer und hart werden.«

So vertrieb Gott Adam und Eva aus dem Paradiesgarten. Kein Mensch sollte jemals wieder diesen Garten betreten.

1.8 Schiebepuppe Noah

Thema:	*Noah*
	Bund Gottes
Alter:	*ab ca. 5 Jahre*
Personen:	*Einzel- und Gruppenarbeit*
Dauer:	*ca. 30 Minuten*
Material:	*festes Papier im DIN A4-Format*
	Holzspachtel
	Schere
	Farbstifte
	Klebstoff
Vorbereitungen:	*pro Kind eine Kopiervorlage und das weitere Material bereit halten*

Hinführung

Mit der Geschichte von Noahs Arche (Genesis 6–9) wird von der Sintflut als Bedrohung für Menschen und Tiere erzählt. Sie zeigt die Abhängigkeit und Unsicherheit der Menschen, gibt aber zugleich auch die Bosheit der Menschen als Grund für Gottes Handeln an. Dieser menschliche Aspekt findet seinen Höhepunkt darin, dass nur einer mit seiner Familie – Noah – verschont bleibt. Dieser baut für seine Familie und die Tiere die rettende Arche.

Die Geschichte erklärt auch die Herkunft und die Bedeutung des Regenbogens, der den Hintergrund dieser Bastelidee bildet. Der Regenbogen ist das Zeichen des Bundes Gottes mit den Menschen, die Erde nicht mehr zu verwüsten. Der Regenbogen ist Symbol dieser Zusage Gottes, aber auch Symbol der Bewahrung: Gott hat die Menschen lieb. Diese Erfahrung von Zuversicht soll die Bastelarbeit zum Ausdruck bringen.

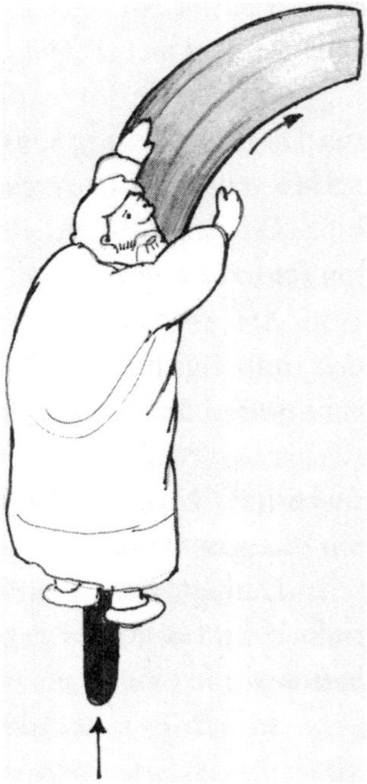

Durchführung

- Die Kopiervorlagen werden auf festes Papier übertragen, ausgeschnitten und angemalt.
- Der Regenbogen wird ebenfalls ausgeschnitten und angemalt. Wer es ganz genau machen will, malt den Regenbogen in den entsprechenden Farben von oben nach unten an: Rot, Orange, Gelb, Grün, Hellblau, Dunkelblau, Violett.

- Der Regenbogen wird entsprechend der Zeichnung an den Holzspachtel geklebt, der von oben durch die Öffnung der Noahfigur geschoben wird.

Der Regenbogen kann ganz in die Figur des Noahs eingeschoben oder herausgeschoben werden.

Wer möchte, beschriftet den Regenbogen: »Bund Gottes mit den Menschen.«

Geschichte »Arche Noah« (Erzählvorschlag)

Gott war traurig. Er war traurig darüber, dass die Menschen sich nicht mehr um das Gute kümmerten. Sie waren nur noch darauf bedacht, dass es ihnen selbst gut ging. Gott bereute, dass er die Menschen erschaffen hatte.

Nur Noah lebte nach dem Willen Gottes. In der Nacht, als sich Noah zum Schlafen hinlegte, hatte er einen Traum. Im Traum sprach Gott mit ihm: »Höre zu, Noah. Du siehst selbst, dass die Menschen nicht gut sind. So kann es nicht weitergehen mit den Menschen und der Welt. Deshalb wird eine große Flut über sie hereinbrechen und alles wird untergehen. Aber dich, Noah, deine Frau und deine drei Söhne Sem, Ham und Jafet und deren Familien will ich retten. Deshalb bau dir ein großes Schiff aus Tannenholz mit drei Stockwerken und einem Dach. Damit das Leben erhalten bleibt, nimm von allen Tieren je ein Männchen und ein Weibchen mit.«

Als Noah aufwachte, war er ziemlich durcheinander. Was sollte dieser Traum? Trotzdem gehorchte Noah Gott. Er baute ein Schiff, so wie Gott es gesagt hatte, mit drei Stockwerken und einem Dach. Er nahm Futter mit für die Tiere und Essen für seine Familie. Dann gingen die Tierpaare und seine Familie in das Schiff. Die Tür ging zu.

Nach sieben Tagen fielen die ersten Regentropfen. Der Regen wurde stärker und stärker, Blitz und Donner kamen hinzu. Das Schiff schaukelte auf den riesigen Wassermassen, die das ganze Land überfluteten. Es regnete vierzig Tage und vierzig Nächte ununterbrochen. Nach den vierzig Tagen tröpfelte es nur noch und hörte schließlich ganz auf zu regnen. Das Wasser sank wieder langsam ab.

Noah öffnete die Dachluke und ließ eine Taube hinaus fliegen. »Wenn sie Land findet, wird sie nicht zurückkommen«, dachte Noah. Aber die Taube kam schon bald zurück. Dreimal ließ er die Taube hinausfliegen. Beim dritten Mal kam sie nicht mehr zurück. Da war sich Noah sicher: Die Flut ist vorüber. Da öffnete Noah die Schiffstür und ging mit seiner Familie und den Tieren an Land. Als sie wieder festen Boden unter den Füßen hatten, sahen sie einen Regenbogen am Himmel stehen. Er leuchtete in allen Farben und sah aus wie eine Brücke zwischen Himmel und Erde. Gott sagte zu Noah: »Ich will einen Bund mit dir, den Menschen und Tieren schließen. Ich werde nie wieder eine Flut schicken. Solange die Erde steht, soll nicht aufhören Saat und Ernte, Sommer und Winter, Tag und Nacht. Als Zeichen für dieses Versprechen habe ich meinen Regenbogen in die Wolken gesetzt. Immer wenn es regnet und danach die Sonne wieder scheint, werdet ihr den Regenbogen sehen und an unseren Bund denken.«

1.9 Turmbau zu Babel

Thema:	*Turmbau zu Babel*
	Gen 11,1–9
Alter:	*ab ca. 12 Jahre*
Personen:	*Gruppenarbeit*
Dauer:	*ca. 40 Minuten*
Material:	*Bibel*
	Textvorlagen
	Klebstoff
	Papier
	Stifte
	Plakatkarton
Vorbereitungen:	*benötigtes Material bereitstellen*

Hinführung

Die Geschichte vom Turmbau zu Babel (Genesis 11,1–9) ist Teil der Geschichte vom Sündig-Werden der Menschen (Genesis 1–11). Sie liefert die Erklärung dafür, warum die Menschen die Sprache des anderen nicht mehr verstehen und in die Welt verstreut sind. Ursache hierfür ist das Streben des Menschen in den Himmel und ihr Machbarkeitswahn. Die Menschen wollen sich selbst erhöhen, statt dem Willen Gottes zu folgen.

Durchführung

- Der Text vom Turmbau zu Babel wird mit Hilfe des Kopiergeräts vergrößert.
- Danach schneiden die Kinder einzelne Worte als Bausteine aus dem Text heraus.
- Mit diesen »Bausteinen« wird in Gruppenarbeit ein Turm geklebt.
- Welche Gruppe hat den höchsten, schönsten, stabilsten Turm »gebaut«?
- Als Variante bietet es sich an, einmal einen einfallenden Turm zu bauen (Was bringt einen Turm zum fallen? Welche Worte wählen wir dazu aus?) oder einen standfesten Turm (Was hält einen Turm zusammen? Welche Worte wähle ich hierzu aus?)

Alternative

Jeweils zwei Kinder stehen einander in einer Entfernung von ca. 10 Metern gegenüber. Der eine Partner erhält einen Textabschnitt vom Turmbau zu Babel, der andere erhält Papier und einen Stift. Auf das Startzeichen des Gruppenleiters hin diktieren die Partner, die den Text haben, ihrem Gegenüber den Text. Die Partner müssen versuchen, das Diktierte aufzuschreiben. Da jedes Paar einen anderen Textabschnitt hat und man verschiedene Stimmen nebeneinander und laut hört, werden die aufgeschriebenen Texte kaum mit dem diktierten Text übereinstimmen. Das Sprachwirrwarr wird so vor der Behandlung der Geschichte anschaulich.

Es hatte aber die ganze Erde die gleiche Sprache und die gleichen Worte. Als sie von Osten aufbrachen, fanden sie eine Ebene im Lande Schinear und ließen sich dort nieder. Sie sprachen zueinander: »Wohlan, wir wollen Ziegel formen und sie brennen!« Der Ziegel diente ihnen als Stein, und das Erdpech diente ihnen als Mörtel. Dann sagten sie. »Wohlan, lasst uns eine Stadt bauen und einen Turm, dessen Spitze bis zum Himmel reicht! Wir wollen uns einen Namen machen, damit wir uns nicht über die ganze Erde zerstreuen!«
Da stieg Jahwe herab, um die Stadt und den Turm anzusehen, den die Menschen gebaut hatten. Und Jahwe sprach: »Siehe, sie sind ein Volk und sprechen alle eine Sprache. Das ist erst der Anfang ihres Tuns. Fortan wird für sie nichts mehr unausführbar sein, was immer sie zu tun ersinnen. Wohlan, wir wollen hinabsteigen und dort ihre Sprache verwirren, so dass keiner mehr die Sprache des anderen versteht!« Da zerstreute Jahwe sie von dort über die ganze Erde, und sie mussten aufhören, die Stadt zu bauen. Darum nennt man sie Babel. Denn dort hatte Jahwe die Sprache der ganzen Erde verwirrt, und von dort hat sie Jahwe über die ganze Erde zerstreut.

1.10 Jakobs Traum

Thema:	*Jakobs Traum* *Himmelsleiter* *Engel* *Genesis 28,10–22*
Alter:	*ab ca. 10 Jahre*
Personen:	*Einzel- und Gruppenarbeit*
Dauer:	*mindestens 45 Minuten*
Material:	*Erzählvorlage* *evtl. 4 Plakatkartons im DIN A2-Format* *Stifte*
Vorbereitungen:	*Lied auf Kassette aufsingen oder Strophen auf Plakate im DIN A2-Format schreiben und aufstellen*

Hinführung

In der Geschichte von Jakobs Traum geht es darum, wie Jakob auf der Flucht Gottes Nähe und Gnade erfahren darf. Sie fügt sich nahtlos an die Geschichte seines Betruges an: Jakob, der jüngere der beiden Zwillingsbrüder, hat Esau das Erstgeburtsrecht abgekauft. Seinen erblindeten Vater hat er betrogen und sich hinterlistig dessen Segen erschlichen. Seine Mutter Rebekka empfiehlt Jakob selbst die Flucht. Da nützen ihm auch sein Erstgeburtsrecht und der Segen nichts.

Jakob ist alleine unterwegs; er ist auf der Flucht. Und in dieser misslichen Situation offenbart sich ihm Gott. Nie hätte Jakob das vermutet. Doch Gott handelt nach eigenem Plan. Dies ist eine wichtige Absicht der Erzählung.

Im Traum sieht Jakob eine Treppe oder Rampe (später meist als Leiter bezeichnet), auf der Boten Gottes hinauf- und hinabsteigen. Die Treppe verbindet Himmel und Erde miteinander und führt zur Himmelspforte. Gott spricht mit Jakob, ja noch mehr, er verspricht ihm Land (Genesis 28,13), Nachkommen (Genesis 28,14), Segen (Genesis 28,14), Schutz und Beistand (Genesis 28,15).

Das heißt, Gott sagt Jakob das Gleiche zu, was er auch schon Abraham und Isaak verheißen hat.

All das kann Jakob in der Situation des Flüchtenden kaum glauben. Gott hat sich ihm offenbart. Dies tröstet Jakob, verunsichert ihn aber auch. Am Morgen nach seinem Traum richtet er den Stein, auf dem er geschlafen hat, auf und nennt die Stätte »Bethel« (Haus Gottes).

Bei der Beschreibung des Bewegungsspiels kann es sich nur um einen Vorschlag handeln, da die Bewegungsformen und Darstellungsmöglichkeiten der jeweiligen Gruppe übernommen werden sollen.

Zwar ist für fast jede Zeile eine neue Bewegungsform vorgesehen; aber da die Bewegungen durch Text und Musik gestützt werden, brauchen die Kinder die Bewegungen ja nicht auswendig zu können. Es geht nicht um eine tänzerisch korrekte Leistung als vielmehr darum, gesprochene bzw. gesungene Sprache in Bewegung umzusetzen und etwas auszudrücken. Es geht um eine andere Form, sich mit einer biblischen Erzählung auseinander zu setzen.

Durchführung

- Kinder erzählen von eigenen Träumen und ihren Erfahrungen damit (Verfolgungsträume, Wunschträume, Wachträume etc.).
- In der Bibel wird auch von einem Traum erzählt. Es ist die Geschichte von Jakobs Traum. Der Gruppenleiter erzählt die Geschichte (siehe Erzählvorschlag oder nach Genesis 28,10–22).
- Kinder äußern sich zu der gehörten Geschichte.
- Sie erzählen von Situationen, wo sie etwas »Schlimmes« getan hatten und dachten, es würde sie Strafe erwarten; dann aber ist es ganz anders gekommen.
- Erarbeitung des Bewegungsspiels. Dazu liest jeweils ein Kind eine Strophe. Gemeinsam werden Bewegungsabläufe gesucht und diese Strophe für Strophe ausprobiert.

Alternative

Anstelle des Bewegungsspiels bietet es sich auch an, mit den Kindern aus Holz eine Himmelsleiter zu zimmern. Auf die Sprossen der Leiter können Zettel mit Worten Gottes an die Menschen geklebt werden.

Jakobs Weg

T. u. M.: Martin Gotthard Schneider
aus 9 x 11 neue Kinderlieder zur Bibel

Abgewandelter Liedtext

2) *Jakobs Weg war sonderbar,*
er wurde müde dann,
legte sich auf einen Stein, sein Traum dort begann.

3) *Jakobs Traum war sonderbar,*
eine hohe Leiter sah er,
Boten Gottes stiegen auf und stiegen wieder ab.

4) *Gottes Wort war sonderbar,*
er segnete Jakob,
versprach ihm Land und Nachkommen und sagt: Ich bin mit dir.

Vorschlag für das Bewegungsspiel

1. Strophe

- *»Jakobs Weg war sonderbar«* –

Auf dem Weg sein kann von der Gruppe dargestellt werden, indem sie in einer Richtung im Kreis herum geht.

- *»denn er war auf der Flucht«* –

Hier kann das Gehen im Kreis einfach beschleunigt werden.

- *»hatte Angst«* –

Bewegungen machen, die Angst ausdrücken, z. B. geduckte Haltung, Hände vors Gesicht schlagen.

- *»und Hunger auch«* –

Da dieser Abschnitt direkt aufs Angst haben folgt, kann eine eigene Bewegung für diese Zeile entfallen, um nicht zu viel Unruhe in das Spiel zu bringen. Die vorangegangene Bewegung wird dann einfach etwas länger durchgeführt. Oder: Hunger wird angezeigt, indem man mit einer Hand Kreisbewegungen vorm Bauch macht.
- *»und lief vor Esau weg«* –

Kleine Laufschritte auf der Stelle machen.

2. Strophe
- *»Jakobs Weg war sonderbar«* –

Wir gehen wieder in einer Richtung im Kreis.
- *»er wurde müde dann«* –

Wir halten die Hand vor den Mund und gähnen kräftig oder strecken unsere Arme nach oben und räkeln uns.
- *»legte sich auf einen Stein«* –

Wir gehen in die Hocke und legen beide Hände unter ein Ohr.
- *»sein Traum dort begann.«* –

Wir beschreiben mit beiden Händen einen großen Kreis in der Luft und stehen dabei wieder auf.

3. Strophe
- *»Jakobs Traum war sonderbar«* –

Wir beschreiben noch mal mit den Händen einen großen Kreis in der Luft.
- *»eine hohe Leiter sah er«* –

Wir halten die Hand an die Stirn und schauen nach oben, so als würden wir nach etwas Ausschau halten.
- *»Boten Gottes stiegen auf und stiegen wieder ab.«* –

Die Auf- und Abbewegungen deuten wir dadurch an, dass wir in die Hocke gehen und uns wieder aufrichten.

4. Strophe
- *»Gottes Wort war sonderbar«* –

Wir halten uns eine Hand ans Ohr, so als wollten wir unsere Ohrmuschel vergrößern, um besser hören zu können. Wir hören etwas »Sonderbares«, deshalb machen wir ein verwundertes Gesicht.
- *»er segnete Jakob«* –

Wir breiten unsere Arme in Schulterhöhe aus.

»versprach ihm Land und nachkommen und sagt: Ich bin mit dir« –

Wir reichen uns die Hände als Zeichen des Versprechens.

Jakobs Leiter

(Durch viel Schnee und dunkle Nächte)
Textübertragung: E. Hansen; M. (hier neugefasst von G. Watkinson): Negro Spiritual
aus: 77 Spiel- und Tanzlieder zur Bibel

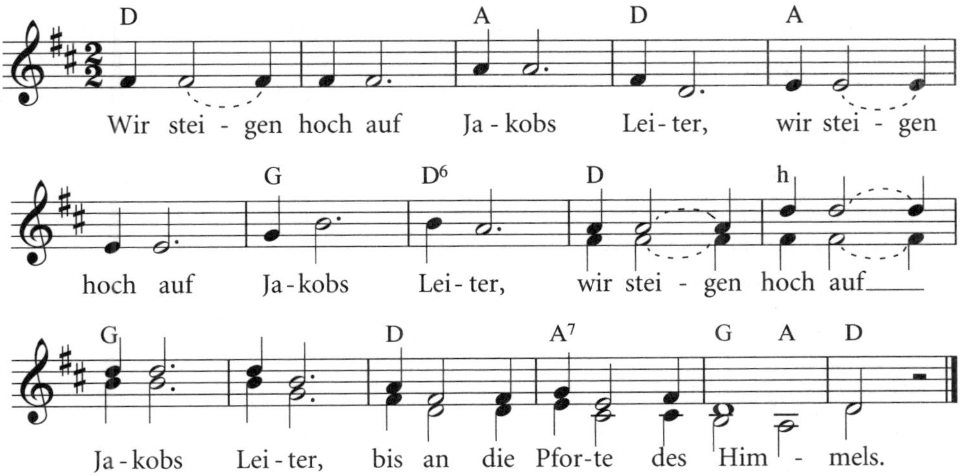

»Wir steigen hoch auf Jakobs Leiter« –
Abwechselnd zeigen wir unsere Beine hoch wie bei Storchenschritten und die Hände tun so, als würden sie eine Sprosse nach der anderen ergreifen.
»bis an die Pforte des Himmels.« –
Wir beschreiben mit einer Hand einen großen Bogen in der Luft, die das Himmelsgewölbe darstellen soll.

Geschichte »Jakobs Traum« (Erzählvorschlag)

Jakob ist immer noch auf der Flucht vor seinem Bruder Esau. Er geht, er rennt, er stolpert und geht weiter. Schweiß rinnt ihm über die Stirn und sein Gesicht. Jakob macht keine Pause. Zuviel Angst hat er. Immer wieder dreht er sich um und schaut, ob sein Bruder Esau und andere Verfolger nicht vielleicht schon hinter ihm sind.

Jakob zittert vor Angst am ganzen Körper. Er hat Angst vor Esau. Er hat Angst vor wilden Tieren. Er hat Angst vor Räubern. So allein auf der Flucht – das ist ganz schön gefährlich.

Jakob geht bis zum Abend. Als er müde wird, sucht er sich einen Platz, wo er die Nacht verbringen kann. Er sieht ganz in der Nähe einen Hügel und geht mit langsamen Schritten hinauf. Jakob schaut übers Land. In der Ferne sieht er eine Stadt. Wehmut kommt in ihm auf.

Dieses Land hat Gott bereits seinem Großvater Abraham versprochen. Auch seinem Vater Isaak hat er zugesagt, dass seine Kinder und Enkel in diesem Land Leben dürfen. Jakob ist auch ein Kind Isaaks. Ein Kind Isaaks auf der Flucht. »Ob Gott etwas mit einem Betrüger zu tun haben will«, überlegt er.

Es ist schon dunkel. Die Sonne ist untergegangen. Jakob legt sich müde hin. Seinen Kopf legt er auf einen Stein. Jakob schläft ein. Und er träumt. Aber was ist das für ein seltsamer Traum? Er sieht im Traum eine große Leiter. Sie reicht vom Boden bis hinauf zu den Sternen im Himmel. Und auf der Leiter steigen engelsähnliche Gestalten die Leiter hinauf und wieder hinab. Immer wieder hinauf und hinab. Plötzlich hört Jakob Gottes Stimme. Die Gestalten auf der Leiter sind tatsächlich Boten Gottes. Durch sie spricht Gott mit ihm, dem Betrüger: »Jakob, ich bin der Gott, der schon deinem Großvater Abraham und auch deinem Vater Isaak dieses Land versprochen hat. Ich bin auch dein Gott. Auch dir verspreche ich dieses Land. Ich werde dich begleiten und beschützen. Du wirst eine große Familie haben.«

Als Jakob am Morgen erwacht, ist er noch ganz durcheinander. War das ein Traum? Oder was ist heute Nacht geschehen? Jakob merkt, das dieser Ort ein besonderer Ort ist. Gott hat hier mit ihm gesprochen, obwohl er betrogen und gelogen hat. Und Jakob nimmt sich vor: »Wenn ich wohlbehalten in meine Heimat zurückkehren werde, werde ich hier ein Gotteshaus bauen.« Zum Zeichen seines Versprechens richtet er den Stein auf und gießt Öl darüber.

Jakob geht langsam fort von diesem Ort. Er ist immer noch auf der Flucht. Immer noch kann er nicht fassen, was geschehen ist.

1.11 Josefs Kleid

Thema:	*Josef*
	Neid
	Eifersucht
Alter:	*ab ca. 6 Jahre*
Personen:	*Einzel- und Gruppenarbeit*
Dauer:	*ca. 30 Minuten*
Material:	*je nach Idee Filz- oder Buntstifte, Fingerfarbe, Stoffreste Kordeln und Bänder*
	Klebstoff
	Schere
	Plakatkarton im DIN A4-Format
Vorbereitungen:	*Kopiervorlagen für jedes Kind*
	Materialien bereitstellen

Hinführung

Josef hatte elf Brüder (Ruben, Simeon, Levi, Juda, Dan, Naftali, Gad, Ascher, Issachar, Sebulon und Benjamin). Die Brüder waren eifersüchtig auf Josef, weil ihr Vater Jakob Josef ein so prachtvolles Kleid geschenkt hat, und weil Josef Träume deuten konnte. Deshalb planten sie, Josef umzubringen. Aber Gott half Josef.

Durchführung

- Die Kinder hören die Geschichte von Josefs Kleid (siehe Erzählvorschlag).
- Die Kinder malen zunächst auf die Kopiervorlage Josefs Gesicht und Haare, seine Arme, Hände und Beine und Füße.
- Dann gestalten sie das prachtvolle Gewand, das der Vater ihm geschenkt hat, indem sie es bunt anmalen, mit Stoff- und Kordelresten bekleben oder mit Fingerfarbe betupfen.
- Die Josefsfigur wird ausgeschnitten und auf einen Plakatkarton geklebt.
- Wer hat in der Gruppe das schönste Gewand gestaltet?

Alternative

Es kann auch jedes Kind aus der Gruppe das Kleid eines Bruders gestalten. Dabei ist lediglich darauf zu achten, dass die Gewänder schlichter gehalten sind als das von Josef. Dann werden die Namen der Brüder in das Kleid geschrieben. Die Figuren werden ausgeschnitten. Je nachdem, welcher Abschnitt der Josefsgeschichte erzählt wird, können die Brüder und Josef in neuer Konstellation auf einem Plakat abgelegt werden.

Geschichte »Josefs Kleid« (Erzählvorschlag)

Ich bin Josef. Schon mehrere Wochen arbeite ich als Sklave im Hause des Potiphar. Aber ich war nicht immer ein Sklave. Früher einmal trug ich sogar die schönsten Kleider, die man sich denken kann. Ich war nämlich Vaters Liebling und das machte meine Brüder ganz schön neidisch auf mich. Ja, und nun bin ich hier. Aber damit ihr die ganze Geschichte besser verstehen könnt, beginne ich einfach von vorn.

Also: Ich bin Josef. Mein Vater heißt Jakob. Er ist Hirte und hat insgesamt 12 Söhne, aber mich hat er besonders lieb. Während meine Brüder auf den Feldern bei den Herden arbeiteten, konnte ich zu Hause bleiben und tun und lassen, was mir gefiel. Ich erzählte meinen Brüdern auch oft von meinen Träumen, in denen sich z. B. Strohballen vor mir verneigt haben. Heute verstehe ich, dass das meine Brüder ärgern musste. Sie wurden eifersüchtig auf mich.

Eines Tages schenkte unser Vater mir ein wunderschönes Kleid. Und er bat mich, zu meinen Brüdern zu gehen und nachzusehen, ob mit den Rindern, Schafen und Ziegen alles in Ordnung sei. Ich zog das wunderschöne Kleid an und ging los.

Meine Brüder sahen mich schon von weitem kommen und höhnten: »Seht mal, da kommt ja unser Träumer!« – »Wie ich ihn hasse.« – »Wir töten ihn und werfen ihn in ein ausgetrocknetes Wasserloch. Dem Vater sagen wir einfach, ein wildes Tier hat ihn gefressen.«

Nur Ruben, mein ältester Bruder, erschrak. Er rettete mir quasi das Leben, indem er meinen Brüdern vorschlug, mir nur einen Denkzettel zu verpassen und mich für ein paar Stunden in einem Brunnenloch zu lassen. Insgeheim hatte er vor, mich aus dem Brunnenloch herauszuholen und wieder nach Hause zu bringen.

Meine Brüder rissen mir mein schönes, neues Kleid vom Leib und warfen mich in das Brunnenloch. Hier war es dunkel und feucht. Ruben ging wieder zu den Herden. Da kam eine Karawane vorbei. Und ich hörte wie einer meiner Brüder vorschlug: »Lasst ihn uns doch als Sklaven verkaufen. So bleibt Josef am Leben, aber wir sind ihn trotzdem los.« Gesagt getan.

Als Ruben von den Herden zurückkam, war ich längst mit der Karawane unterwegs. Mein Kleid wollten meine Brüder mit dem Blut eines geschlachteten Ziegenbocks tränken und es meinem Vater bringen lassen, so dass er denken musste, ein Raubtier hätte mich getötet. Wie gerne würde ich meinem Vater diese Trauer nehmen, da ich doch am Leben bin. Was für ein Leben als Sklave!

1.12 Zehn Gebote

Thema:	*Zehn Gebote* *Mose*
Alter:	*ab ca. 9 Jahre*
Personen:	*Einzel- und Gruppenarbeit*
Dauer:	*ca. 30 Minuten*
Material:	*lufttrocknende Modelliermasse oder Ton* *spitzes Messer* *Schaschlikstäbe oder Dachziegel und Filzstifte oder Schieferplatten und spitze Nägel*
Vorbereitungen:	*benötigtes Material bereitlegen*

Hinführung

Die Zehn Gebote sind *die* Spielregeln des Lebens von Juden und Christen. Eine ausführliche Fassung der Gebote finden wir an zwei Stellen in der Bibel: Exodus 20 und Deuteronomium 5. Die Geschichte der Zehn Gebote besagt, dass Gott während der 40-tägigen Wanderung des Volkes Israel durch die Wüste ihrem Führer, Moses, auf dem Berg Sinai zwei Tafeln mit den Geboten geben hat.

Eigentlich ist in diesen Zehn Geboten alles zusammengefasst, was wir für ein menschliches Zusammenleben benötigen. Leider werden die Gebote oft als Verbote missverstanden und falsch übersetzt.

Durchführung

- Ton oder Modelliermasse, die an der Luft trocknet, wird flach ausgerollt.
- Dann wird die Form von Steintafeln mit einem Messer herausgeschnitten.
- Mit einem Schaschlikstab werden jeweils die Gebote eingeritzt.
- Entweder man formt eine oder zwei große Steintafeln, auf die man die Zehn Gebote »schreibt«, oder man formt kleine Tafeln und ritzt jeweils nur ein Gebot darauf.
- Wenn man vor dem Trocknen ein Loch eindrückt, können die Gebotstafeln auch aufgehängt werden.
- Aus zehn kleinen Tafeln lässt sich gut ein Mobile gestalten.
- Aufgrund des geringen Platzes verwendet man am besten Kurzfassungen der Gebote, z.B.:

1. *Liebe Gott. Mache dir kein Bild von ihm.*
2. *Bete nur Gott an.*
3. *Missachte nicht den Namen Gottes!*
4. *Bewahre den Sonntag.*
5. *Achte Vater und Mutter.*
6. *Töte nicht.*
7. *Geh nicht fremd.*
8. *Stehle nicht.*
9. *Lüge nicht.*
10. *Begehre nicht, was anderen gehört.*

Alternative 1

Wer nicht mit Ton arbeiten möchte besorgt sich aus der Baustoffhandlung zwei Dachziegel bzw. Dachpfannen. Diese können direkt mit schwarzem Filzstift beschrieben werden.

Alternative 2

Die Zehn Gebote werden mit einem spitzen Nagel auf Schieferplatten geritzt.

Alternative 3

Die Texte der Kurzfassung werden mit den biblischen Texten Exodus 20 und Deuteronomium 5 verglichen.

1.13 Stärkesteine

Thema: *David und Goliat*
Alter: *ab ca. 7 Jahre*
Personen: *Einzel- oder Gruppenarbeit*
Dauer: *ca. 30 Minuten*
Material: *Kieselsteine*
dicke, wasserfeste Filzstifte
pro Kind ein Stoffstück im Format 20 x 20 cm
pro Kind ein Stück Schnur
Vorbereitungen: *benötigtes Material bereitlegen*

Hinführung

David stammte aus Betlehem und war der König von Juda und Israel. Er regierte von ca. 1000–961 v. Chr. In den Samuelbüchern erfahren wir seine Lebensgeschichte (1 Samuel 16–2 Samuel 23).

Für die Kinder geht es vor allem um den Menschen David, der mutig und ängstlich ist, der zweifelt und vertraut und Gott in seinem Leben neu entdeckt. Der Held und Krieger tritt in den Hintergrund. Davids Erfahrungen mit Schwäche und Stärke, sowie Angst und Vertrauen geben den Kindern Möglichkeiten, sich mit ihren eigenen Gefühlen auseinander zu setzen.

In der Geschichte von David hören die Kinder von Gottes Hilfe und Schutz für David. Dieser Schutz und diese Hilfe gilt auch ihnen.

Durchführung

- Die Teilnehmer sammeln auf einem Spaziergang fünf glatte Steine.
- Der Gruppenleiter erzählt die Geschichte von David und Goliat.
- Anschließend überlegen die Kinder, womit man Angeber besiegen kann. Was zeugt von wahrer Stärke? Welche Stärken besitze ich? Sie schreiben solche Stärken auf ihre Steine.
- Dann legen sie ihre »Stärkesteine« auf das Stoffstück, raffen die vier Ecken über den Steinen zusammen und binden das Tuch mit der Schnur zusammen.

Hinweis

Mit Hilfe der Kopiervorlagen aus 1.21 kann die Collage vom Hirtenjungen David und seinen Schafen gestaltet werden.

Geschichte »David und Goliat« (Erzählvorschlag)

David war ein kleiner Hirtenjunge. Er hütete den ganzen Tag über draußen auf den Wiesen und Weiden die Schafe. Manchmal lag er auch im Gras und schaute den Schafen einfach nur zu. Manchmal nahm er auch seine Steinschleuder und übte damit. Er wollte seine Schafe vor wilden Tieren beschützen können.

Eines Tages fielen die Philister in das Land der Israeliten ein. Die Philister und die Israeliten waren miteinander verfeindet. Auch drei Brüder von David zogen mit König Saul in den Krieg gegen die Philister. Einer der Philister war ein besonders großer und starker Mann. Sein Name war Goliat und alle sprachen von einem Riesen. Deshalb hatte auch keiner den Mut gegen ihn zu kämpfen. Goliat verspottete deshalb seine Gegner. Er sagte: »Wenn mich auch nur ein Israelit besiegt, werden wir uns den Israeliten ergeben.« Goliat war sich seiner Stärke sehr sicher. Und tatsächlich wollte niemand gegen Goliat kämpfen; alle hatten viel zu viel Angst.

David wollte seine Brüder im israelitischen Herr besuchen gehen und ihnen Brot und Wasser bringen. Sein Vater wollte wissen, ob es den Brüdern gut ginge. So machte sich David auf den Weg. Seine Brüder erzählten ihm ängstlich von dem riesigen Philister Goliat. Sie erzählten auch von dem Vorschlag, den Goliat den Israeliten gemacht hatte. Die Brüder fürchteten sich sehr. Doch David ging zu König Saul. Er wollte gegen den Riesen kämpfen. Aber König Saul sagte: »David, du bist ein kleiner Hirtenjunge, aber Goliat ist ein Riese. Er ist so stark – du kannst unmöglich gegen ihn kämpfen.« Doch David ließ sich nicht von seinem Entschluss abbringen: »Ich hüte jeden Tag die Schafe meines Vaters. Oft schon habe ich dabei gegen einen Bären oder einen Löwen gekämpft. Gott hat mir immer geholfen, meine Tiere zu beschützen. Wenn ich gegen Bären und Löwen erfolgreich war, werde ich auch mit dem Riesen fertig werden. Gott wird mir helfen.«

Da gab König Saul David eine Rüstung. Doch David war es nicht gewohnt, eine Rüstung wie ein Soldat zu tragen. Er konnte sich kaum darin bewegen. So zog er die Rüstung wieder aus. David nahm nur seinen Hirtenstab und eine Steinschleuder mit. In einem Fluss in der Nähe fand er fünf glatte Steine, die er ins eine Tasche steckte. So ging er zu Goliat.

Goliat war verärgert als er den kleinen Jungen sah und lachte ihn aus: »Komm nur her, dich besiege ich!« rief er zornig. Und David antwortete: »Du kommst mit einem Schwert und einem Speer daher; ich aber komme im Namen des Herrn. Er wird mir helfen.« Da nahm David auch schon seine Schleuder, legte einen Stein hinein und schwang seine Schleuder. Noch bevor Goliat seinen Speer werfen konnte, traf ihn der Stein an der Stirn. Goliat fiel tot um. Die Israeliten waren außer sich vor Freude über diesen Sieg. Sie jubelten: »Gott hat David geholfen.« Die Philister aber erschraken sehr und liefen davon.

Später wurde David einer der größten Könige Israels.

1.14 David und Goliat

Thema:	*David und Goliat*
Alter:	*ab ca. 7 Jahre*
Personen:	*Einzel- und Gruppenarbeit*
Dauer:	*ca. 30 Minuten*
Material:	*eine Rolle Packpapier oder eine Tapetenrolle* *dicker Filzstift* *Kopiervorlage vom Hirten aus 1.21* *Buntstifte oder Filzstifte* *Klebstoff* *Schere*
Vorbereitungen:	*einen Stuhlkreis stellen* *Hirten der Kopiervorlage ausschneiden* *Material bereitlegen*

Hinführung

Siehe hierzu unter 1.13.

Durchführung

- Der Gruppenleiter legt die ausgeschnittene Figur des Hirten in die Kreismitte.
- Die Teilnehmer äußern sich zum Beruf des Hirten; tragen ihr Vorwissen zusammen.
- Der Gruppenleiter bittet einen Teilnehmer sich auf das ausgerollte Packpapier zu legen. Ein anderes Kind malt die Umrisse nach. Die Figur wird ausgeschnitten und neben den Hirten gelegt.
- Die Schüler äußern sich zu dem kleinen Hirten und der »großen Figur«.
- Der Gruppenleiter erzählt die Geschichte von David und Goliat (Erzählvorschlag siehe unter 1.13).
- Gott hat David beschützt. Als Zeichen dafür, dass Gott nicht nur den Hirtenjungen David beschützt, sondern auch uns, schreibt jedes Kind seinen Namen in die Kopie des Hirten.
- Die beiden Figuren werden auf die Packpapierrolle geklebt und im Gruppenraum aufgehängt.

1.15 Fangfisch mit Jona

Thema: *Jona und der Walfisch*
Alter: *ab ca. 6 Jahre*
Personen: *Einzel- und Gruppenarbeit*
Dauer: *ca. 30 Minuten*
Material: *zwei Zeichenpapiere (20 x 20 cm)*
Klebstoff
Farbstifte
Schere
Baumwollfaden (ca. 40 cm lang)
Nadel
Zeichenpapier
Vorbereitungen: *Kopiervorlagen und Material in ausreichender Menge bereitstellen*

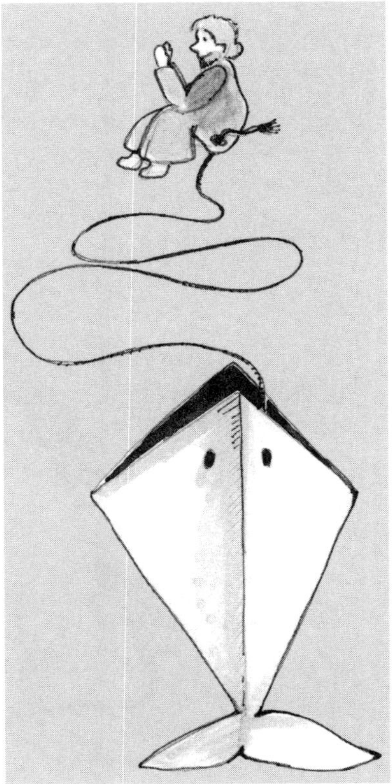

Hinführung

Die Geschichte des Propheten Jona ist von der Reihung zahlreicher Wunder geprägt. Diese müssen als Bilder für Gottes Handeln mit den Menschen gedeutet werden, aber auch als Zeichen für seine Geduld gegenüber Zweiflern. Die Geschichte zeigt auch, dass Gott uns Menschen mit all unseren Fähigkeiten anspricht und in den Dienst nimmt. Bei der vorliegenden Bastelarbeit geht es um die kindgerechte Umsetzung des wohl bekanntesten Geschichtsabschnittes der Jona-Erzählung.

Durchführung

- Eines der Zeichenpapiere wird diagonal Ecke auf Ecke gefaltet und wieder geöffnet.
- Nun wird zunächst eine Seite und dann die andere an den Mittelknick gefaltet, so dass eine Drachenform entsteht.

- Das zweite Zeichenpapier wird auf die gleiche Weise gefaltet.
- Dann werden beide Teile ineinander geschoben und aneinander festgeklebt.
- In die offene Seite des Fisches (Maul) werden Zacken als Zähne eingeschnitten.
- Auf den Kopf malt man dem Fisch zwei Augen.
- Der Baumwollfaden wird als Nächstes durch die Nadel gefädelt und durch das Fischmaul zum spitzen Ende des Fisches gezogen und dort verknotet.
- Entsprechend der Kopiervorlage werden die Figurteile des Jona zweimal ausgeschnitten und angemalt.
- Das Schnurende legt man zwischen beide Teile und klebt sie zusammen.
- Nun kann der Walfisch Jona verschlingen und wieder »ausspucken«.

Geschichte »Jona« (Erzählvorschlag)

Gott sprach zu Jona: »Mach dich auf den Weg und geh nach Ninive! Geh in diese große Stadt und sag den Menschen dort, dass ein schreckliches Strafgericht über sie kommen wird.«

Jona machte sich zwar auf den Weg, aber er wollte nicht nach Ninive gehen. Er wollte weit weg gehen von Ninive und weit weg von Gott. In der Hafenstadt Jafo fand er ein Schiff, das nach Spanien fuhr. Jona bezahlte das Fahrgeld und fühlte sich sicher, als das Schiff losfuhr. Doch draußen auf dem Meer ließ Gott einen kräftigen Sturm aufbrausen. Der Sturm war so kräftig, die Wellen schlugen an der Bordwand so hoch, dass das Schiff auseinander zu brechen drohte. Die Seeleute warfen die gesamte Ladung über Bord und beteten zu Gott um Hilfe.

Jona aber lag unter Deck und schlief. Der Kapitän ging zu ihm und fragte: »Wie kannst du hier nur so seelenruhig schlafen, während draußen dieser lebensbedrohende Sturm tobt? Steh auf und bete zu Gott, dass er uns hilft!«

Aber der Sturm wollte und wollte nicht aufhören. Da beschlossen die Seeleute das Los zu werfen: »Wir müssen heraus finden, wer Unrecht getan hat und deshalb an unserem Unglück hier Schuld ist.« Das Los fiel auf Jona und er gab zu: »Ich bin schuld. Gott hat mir befohlen nach Ninive zu gehen, aber ich habe Gott nicht gehorcht und bin auf dieses Schiff geflohen.« Da bekamen die Seeleute noch größere Angst und jammerten: »Warum hast du das getan? Was sollen wir nur machen, wenn wir nicht alle in diesem fürchterlichen Sturm umkommen wollen?«

Jona antwortete: »Werft mich ins Meer, damit das Meer sich beruhigt! Ich allein bin schuld an eurem Unglück.« Doch die Männer wollten davon nichts wissen. Mit aller Kraft versuchten sie das Schiff ans Land zu rudern. Es gelang ihnen nicht. Das Meer stürmte immer heftiger. Da beteten sie zu Gott: »Lass uns nicht untergehen. Wir werfen diesen Mann ins Meer, aber rechne es uns nicht böse an.« Da nahmen sie Jona und warfen ihn über Bord. Augenblicklich verstummte die See. Die Männer erschraken sehr, dankten Gott und schlachteten ihm ein Tier und opferten es ihm. Gott aber schickte einen großen Fisch, der Jona verschlang. Jona war drei Tage und drei Nächte im Bauch des Fisches, und er betete im Bauch des Fisches zum Herrn. Gott hörte das Gebet und befahl dem Fisch, Jona ans Land zu speien.

1.16 Der Prophet

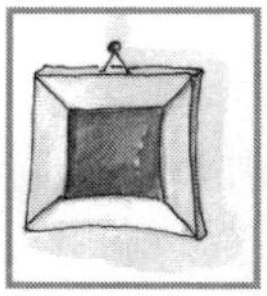

Thema: *Propheten*
Alter: *ab ca. 13 Jahre*
Personen: *Gruppenarbeit*
Dauer: *ca. 30 Minuten*
Material: *Vergrößerung der Kopiervorlage »Der Prophet« auf DIN A2-Packpapier, das etwas größer ist*
Tesafilm
Schere
Bleistift
Vorbereitungen: *Bevor die Gruppe in den Gruppenraum kommt, hängt der Gruppenleiter zunächst das großformatige Poster »Der Prophet« auf und verdeckt dies durch ein größeres Stück Packpapier, das er mit Tesafilm so an der Wand fixiert, dass beim Herausschneiden von Einzelteilen nicht das gesamte Bild herunterfällt. Auf dieses Packpapier zeichnet er mit Bleistift schwach die Schnittlinien ein und trägt die Reihenfolge ein.*

Hinführung

Bei dieser Methode geht es darum das Augenmerk der Betrachter zunächst auf Einzelheiten zu lenken, die erst nach und nach miteinander in Beziehung gebracht werden. Sie eignet sich vor allem dann, wenn es darum geht, komplexere Bilder zu erfassen. Manches, was vielleicht beim Betrachten des gesamten Bildes unterginge, kann so besonders hervorgehoben werden; die Kinder werden nicht durch nebensächliche Bilder abgelenkt. Die zusammengetragenen Details erlauben eine umfassende Analyse und Betrachtung des Bildes. Die Spannung bleibt erhalten. Es geht nicht darum, dass die Teilnehmer bereits nach wenigen Schnitten »erraten«, was das Gesamtwerk zeigt. Vielmehr geht es um ein bewussteres, aufmerksames Betrachten. Diese Dalli-Klick-Methode eignet sich grundsätzlich zur Betrachtung aller Bilder.

Im vorgestellten Beispiel geht es darum, in den Begriff des Propheten als Beauftragten Gottes einzuführen.

Durchführung

- Der Gruppenleiter schneidet nach und nach an den markierten Linien einzelne Stücke aus dem Packpapier heraus, so dass Ausschnitte des darunter hängenden Bildes sichtbar werden.
- Die Teilnehmer beschreiben zunächst den sichtbar gewordenen Ausschnitt ausführlich, dann erst wird das nächste Stück freigegeben.

- Als Reihenfolge empfiehlt es sich, zunächst den Ausblick auf das Ohr, dann die rechte Hand, die linke Hand und das Gesamtbild freizugeben.
- Dabei soll erarbeitet werden: Ein Prophet ist jemand der das Wort Gottes hört, es in seinem Herzen bewegt und mit seiner ganzen Kraft danach handelt.

Alternative

Die Kinder versuchen nach der Bildbetrachtung ebenfalls pantomimisch ihre Hände sprechen zu lassen. Wie sehen diese aus, wenn sie mahnen, drohen, schützen etc.?

1.17 Stabfigur Jesus

Thema:	*Jesus* *Biblische Personen*
Alter:	*ab ca. 5 Jahre*
Personen:	*Einzel- und Gruppenarbeit*
Dauer:	*ca. 30 Minuten*
Material:	*Pappe* *dünne Holzleiste* *Schere* *Klebstoff* *Heißklebepistole* *Holzstifte*
Vorbereitungen:	*Kopiervorlagen entsprechend der Anzahl der Kinder vorbereiten* *Material bereitlegen*

Hinführung

Grundsätzlich lässt sich jede (biblische) Gestalt als Stab- oder Stockpuppe nachempfinden. Durch Spiel oder Worte der Kinder werden die Figuren lebendig. Mit großer Unbefangenheit verleihen selbst zurückhaltende Kinder den Puppen eine Sprache, die sie sonst nicht so leicht gefunden hätten. Doch die Stabpuppen sind nicht nur Sprechhilfe, sondern bieten oft auch den Sprechanlass: Die Figuren stellen sich selbst vor, ihr Land, ihre Geschichte, sie führen anstelle des Gruppenleiters in ein Thema ein und werden von den Kindern befragt. Die Konkretion der Gestalt provoziert geradezu eine sprachliche Auseinandersetzung und ermöglicht Identifikation. Als Leitfigur einer thematischen Einheit lässt sie eine unbefangene Begegnung mit dem Thema zu. Die Kinder legen der Figur ihre Sprache und ihre eigenen Gedanken in den Mund, haben selbst aber das Gefühl, die Puppe äußere sich so, eigene Gefühle und Bedürfnisse werden auf sie übertragen – eine interessante Beobachtungsaufgabe für den Leiter.

Die Puppen sollten so gestaltet sein, dass sie z.B. Aussagen über Kleidung und Zeit etc. machen. Ihre Einsatzmöglichkeiten sind vielfältig und reichen von der Gestaltung einer Geschichte, das Nachspielen und Weitersprechen bis hin zur Leitfigur eines thematischen Blocks. Oder sie finden ihre Verwendung als Sprechzeichen für Gesprächsrunden: Wer das Wort bzw. die Puppe hat, etwas sagen möchte, hält die Puppe. Hat man geendet, gibt man das Wort/die Puppe weiter. Und selbst wenn eine Thematik längst abgeschlossen ist, sind die Puppen immer noch für Pausen und Spielphasen ein willkommenes Spielmaterial.

Für die Verwendung der Stabfigur »Jesus« liegen zahlreiche Ideen allein anhand der biblischen Geschichten auf der Hand. Sie kann z.B. aber auch für die unter 1.18, 1.19 und 4.10. gemachten Vorschläge verwendet werden.

Durchführung

- Beide Teile der Kopiervorlage werden angemalt, auf feste Pappe geklebt und dann ausgeschnitten.
- Ein dünner aber stabiler Holzstab wird zwischen beide Pappteile gelegt und diese exakt aufeinander geklebt (Das hält am besten, wenn man eine Heißklebepistole verwendet.).

1.18 Jesu Lebenslauf

Thema: *Jesu Leben*
Alter: *ab ca. 10 Jahre*
Personen: *Einzel- und Gruppenarbeit*
Dauer: *ca. 40 Minuten*
Material: *Bibeln*
Kopiervorlagen vom Lebenslauf in ausreichender Anzahl
Stifte
evtl. ein Lösungsblatt
Vorbereitungen: *evtl. ein Lösungsblatt anfertigen, damit die Kinder selbständig vergleichen können, ob die gefundenen Antworten die erwarteten sind*
benötigtes Material bereitlegen

Hinführung

In den synoptischen Evangelien erfahren wir über Jesu Leben am meisten; bei Paulus findet Jesu Auftreten weniger Beachtung. Anhand des Lebenslaufs sollen die Kinder mit Hilfe der Bibel wichtige Daten und Fakten aus dem Leben Jesu aufspüren.

Durchführung

- Die Kinder füllen den Lebenslauf aus, evtl. unter Zuhilfenahme der Bibel.
- Sie nehmen evtl. die Stabfigur Jesus (siehe hierzu unter 1.17) und erzählen in der Ich-Form aus dem Leben Jesu.

Lebenslauf von: ______________________________
(Lies Markus 1,9).

Man nennt mich auch: ______________________________
(Lies Markus 8,27–30).

Ich wurde in ______________________________ geboren
(Lies Lukas 2,1–20).

Meine Eltern hießen ______________________________
(Lies Matthäus 1,16).

Aufgewachsen bin ich in ______________________________
(Lies Matthäus 2,22.23).

Ich hatte viele Freunde (Jünger): ______________________________

____

____

(Lies Markus 3,16–19)

Allerdings hatte ich auch Gegner: ______________________________
(Lies Markus 2,16)

Die Stadt ______________ (Lies Markus 2,1) galt später als mein Wohnsitz.

Während der Zeit meiner Wanderschaft tat ich vor allem dies:

____

____

(Lies Matthäus 4,23–25)

____

Gestorben bin ich am: ______________________________ (Lies Markus 15,42)

in ______________________________ (Lies Matthäus 27,33) durch folgende Todesart:

____

(Lies Markus 15,20)

1.19 Jesus sucht Freunde

Thema:	*Jüngerberufung* *Jesus*
Alter:	*ab ca. 5 Jahre*
Personen:	*Gruppenarbeit*
Dauer:	*ca. 30 Minuten*
Vorlesedauer:	*ca. 3 Minuten*
Material:	*keines bzw. evtl. eine Stabfigur »Jesus«*
Vorbereitungen:	*Textvorlage Markus 1,16–20 bereitlegen.*

Hinführung

In nur fünf Zeilen erfahren wir von vier wichtigen Lebensentscheidungen (Markus 1,16–20). Gefühle, Reaktionen, Gesprächssequenzen bleiben ausgespart; die Geschichte wird auf das Wesentliche beschränkt. Jesus macht Andreas und Simon und Jakobus und Johannes zu Menschenfischern.

Die Berufungsgeschichte findet sich auch bei Lukas 5,1–11 und Johannes 1,35–49 mit kleineren Abweichungen.

Durchführung

- Ein Gruppenmitglied übernimmt die Rolle Jesu.
- Evtl. nimmt es eine Stabfigur »Jesus« in die Hand (siehe unter 1.17).
- »Jesus« geht nun durch den Raum und bleibt vor einem anderen Teilnehmer stehen. Er spricht: »Komm mit mir, ich lade dich ein. Sag willst du mein Jünger sein?«
- Wenn die gefragte Person mitgehen möchte, antwortet sie: »Jünger Jesu sein – das wär' der Hit. Ja, ich komme gerne mit dir mit.«
- Hand in Hand ziehen die beiden nun weiter durch die Gruppe, um noch andere »Jünger« zu berufen.
- Die Gruppe tauscht sich über die im Spiel gemachten Erfahrungen aus.
- Der Gruppenleiter erzählt Markus 1,16–20 von der Jüngerberufung (siehe Erzählvorschlag).

Alternative 1

Wer die Geschichte von der Jüngerberufung auch bildhaft gestalten möchte, kann dies folgendermaßen tun: Einige Teilnehmer malen insgesamt 12 Jünger und einen Jesus und schneiden die Figuren aus. An den Händen werden Jesus und seine Jünger zusammen geklebt. Aus buntem Papier werden kleine Schiffe gefaltet; Netze von Zitronen oder Orangen dienen als Fischernetze und werden in die Boote geklebt. Ein See wird aufgemalt, die Jüngerkette und die Boote werden auf das Plakat geklebt.

Alternative 2

Die Teilnehmer erzählen oder hören vom Leben der Fischer.

Geschichte »Jüngerberufung« (Erzählvorschlag)

Oft ging Jesus am See von Galiläa entlang. Viele Menschen drängten sich immer um ihn, um sein Wort zu hören. Einmal sah er auf dem See zwei Boote. Sie gehörten dem Fischer Simon und dessen Bruder Andreas. Sie warfen gerade ihre Netze ins Wasser. Da sagte Jesus zu ihnen: »Kommt mit mir. Folgt mir nach. Ich werde euch zu Menschenfischer machen.« Simon und Andreas ließen ihre Netze liegen und gingen mit Jesus.

Als Jesus noch ein Stück weiter gegangen war, sah er Jakobus und seinen Bruder Johannes, die Söhne des Zebedäus. Sie waren ebenfalls Fischer. So saßen sie gerade mit ihrem Vater in ihrem Boot und brachten ihre Netze in Ordnung. Sofort rief Jesus Jakobus und Johannes zu sich. Auch sie ließen ihre Netze liegen, verabschiedeten sich von ihrem Vater Zebedäus und ließen ihn allein im Boot zurück.

Immer mehr Menschen folgten Jesus nach und wurden seine Begleiter. Jesus wählte zwölf von ihnen aus: Simon (Petrus), Andreas, Johannes und Jakobus, die Söhne des Zebedäus, Philippus, Bartholomäus, Matthäus, Thomas, Jakobus, der Sohn des Alpäus, Thaddäus, Simon und Judas. Sie sollten überall mit ihm hingehen und auch alleine in den Städten predigen, was sie von ihm gelernt hatten.

Auch einige Frauen wurden seine Jüngerinnen: Maria aus Magdala und Johanna, die Frau des Beamten Chusa, und Susanna.

1.20 Gemeinschaftsbild

Thema:	*Jesus ruft Menschen zu sich* *Jüngerberufung*
Alter:	*ab ca. 7 Jahre*
Personen:	*Gruppenarbeit*
Dauer:	*ca. 40 Minuten*
Material:	*Plakatkarton im DIN A2-Format* *Buntstifte* *Klebstoff* *Scheren* *Jesusbild (Kopiervorlage unter 1.17)* *Fotos der Gruppenmitglieder*
Vorbereitungen:	*Entweder die Kinder beauftragen ein Foto von sich von zu Hause mitzubringen oder ein Foto von jedem Kind vor der Aktion anfertigen.* *Die Jesusfigur wird kopiert und ausgeschnitten; evtl. angemalt.*

Hinführung

Siehe unter 1.19.

Durchführung

- Die Kinder hören, wie Jesus Menschen zu sich ruft (Markus 1,16–18 oder Markus 2,13–15, siehe Erzählvorschlag unter 1.19).
- Danach hören sie Matthäus 11,28: Jesus sagt: »Kommt zu mir, alle die ihr mühselig und beladen seid. Ich will euch erquicken.«
- Zu diesem Ausspruch gestaltet die Gruppe ein Gemeinschaftsbild.
- Auf den Plakatkarton wird in die Mitte ein Jesusbild geklebt.
- Um dieses Bild herum kleben die Kinder Fotos von sich.
- Anschließend übernimmt der Gruppenleiter oder ein Gruppenmitglied die Rolle Jesu. (Evtl. wird hierzu die Stabfigur verwendet, siehe 1.17) Er spricht jedes Mitglied persönlich an: »Paul, ich will dein Freund sein, Hanna, ich will dein Freund sein …«.
- Ein Gespräch darüber, wie Freunde sich verhalten (sollten), bildet den Abschluss.

Alternative 1

Die Kinder malen ein Bild von Jesus, das in die Mitte geklebt wird und kleben darum Selbstportraits von sich.

Alternative 2

Die Gruppe betrachtet Bilder, auf denen Jesus mit seinen Freunden dargestellt ist.

Alternative 3

Die Gruppe lernt Freunde Jesus kennen, z. B. Maria und Marta (Lukas 10,38–42):

Es begab sich aber, als sie weiterwanderten, kam er in ein Dorf. Eine Frau namens Martha nahm ihn in ihr Haus auf. Sie hatte eine Schwester namens Maria. Diese setzte sich zu den Füßen des Herrn und lauschte seinem Wort. Martha aber war durch vielerlei Dienste beansprucht; sie trat hinzu und sagte: »Herr, macht es dir nichts, dass meine Schwester die Bedienung mir überlässt? Sag ihr doch, dass sie mir helfen soll.« Doch der Herr antwortete ihr und sprach: »Martha, Martha, du sorgst und beunruhigst dich um viele Dinge. Doch weniges ist notwendig, nur eines. Maria hat den guten teil erwählt, der wird ihr nicht genommen werden.«

Alternative 4

Die Gruppe bereitet sich auf Besuch vor; sie empfängt jemanden in der nächsten Gruppenstunde und bewirtet ihn.

1.21 Hirte und Schafe

Thema:	*Gleichnis vom verlorenen Schaf* *(Lukas 15,1–7)* *Psalm 23* *Der gute Hirte*
Alter:	*ab ca. 5 Jahre*
Personen:	*Gruppenarbeit*
Dauer:	*ca. 40 Minuten*
Vorlesedauer:	*ca. 2 Minuten*
Material:	*ein Bogen grünes Tonpapier im DIN A2-Format* *Watte* *Klebstoff* *Schere* *Farbstifte* *Kopiervorlagen*
Vorbereitungen:	*Entsprechend der Teilnehmerzahl werden die Schafe kopiert und ausgeschnitten; der Hirte wird ebenfalls kopiert und ausgeschnitten. Je nach Größe des grünen Plakatbogens müssen die Kopiervorlagen vorher vergrößert werden. Die Schafe werden im Gruppenraum versteckt, das notwendige Material bereitgelegt.*

Hinführung

Die Collage kann sowohl zu dem Gleichnis vom verlorenen Schaf als auch zu Psalm 23 (oder zu 1.13, 1.14) angefertigt werden. In diesem bekannten Psalm preist David Gott als den guten Hirten. Von diesem Psalm sind auch das Bild und die Aussage des neutestamentlichen Textes vom »guten Hirten Jesus Christus« geprägt.

Ein angemessenes Bild vom Beruf des Schäfers ist daher wichtig, damit das Bild des »guten Hirten« in der Person Jesu in seiner umfassenden Bedeutung erkannt werden kann.

Deshalb sollte eine romantische Darstellung des Schäferberufes vermieden werden, statt dessen aber die Mühen und Plagen seiner alltäglichen Fürsorge für die Schafe deutlich werden. Erst wenn man sich einmal in das Leben eines Schafhirten hineinversetzt und erkannt hat, wie fürsorglich und treu ein Hirte seinen Tieren gegenüber handelt, kann man verstehen, dass vom Bild des guten Hirten wichtige Glaubensaussagen über Jesus Christus abgeleitet werden können.

Durchführung

- Als Einstieg in die Thematik versuchen sich die Kinder in ein Schaf einzufühlen: Wie ist mir zumute, wenn ich ohne die Herde bin? Durch dieses Spiel wird ein Teil der anschließend zu behandelnden Geschichte vorweggenommen. Durch die eigenen Erfahrungen gelingt es besser, sich in die Person suchenden Hirten hineinzuversetzen. So können sie auch in das Erzählen der Geschichte oder das Vortragen des Psalms mit einbezogen werden.
- Die Frage, was der Hirte für die Schafe tut, schließt sich an.
- Danach erzählt der Gruppenleiter die Geschichte.
- Die gefundenen Schafe werden mit Wattebällchen (oder Schafwolle) beklebt und auf das grüne Tonpapier geklebt.
- Der Hirte wird mit Holzstiften angemalt und zu den Schafen geklebt.
- Während der Herstellung der Collage werden die Aussagen nochmals heraus gearbeitet bzw. unterstützt.
- Nach der Fertigstellung sollte die Collage erneut auf die biblische Geschichte als Ausgangspunkt zurück bezogen und mit dieser verglichen werden.

Alternative

Will man die Collage zur Unterstützung der Geschichte »Vom verlorenen Schaf« gestalten empfiehlt sich ein anderer Einstieg in die Thematik. Vom Gruppenleiter wird hierfür pro Kind ein Schaf kopiert, ausgeschnitten und versteckt, bevor die Kinder in den Gruppenraum kommen. Die Kinder werden aufgefordert, jeweils ein Schaf zu suchen; dabei können die Empfindungen, die man beim Suchen verspürt, und die Gedanken, die einem kommen, ausgesprochen werden: »Wo könnte das Schaf nur sein?«, »Ich habe doch schon überall gesucht« usw. Bei erfolgreicher Suche darf sich der Betreffende mit »seinem« Schaf auf seinen Platz setzen, während die anderen weitersuchen. Die Zuschauer sollen aber das weitere Suchen der Übrigen genau beobachten und auf deren Worte achten. Anschließend wird in der Gruppe besprochen: Wie habe ich mich bei der Suche gefühlt? Wie ging es mir, als ich mein Schaf gefunden hatte? Wie ging es mir, als ich das Schaf nirgends finden konnte? Welche Äußerungen haben die Suchenden gemacht usw. Später werden dann die selbst gemachten Erfahrungen mit der biblischen Geschichte verknüpft und ebenfalls die Collage, so wie oben beschrieben, gestaltet.

Geschichte »Gleichnis vom verlorenen Schaf« (Erzählvorschlag)

Wieder einmal ärgerten sich die Schriftgelehrten und Pharisäer über Jesus. Ständig kamen Zöllner und andere verachtete Personen zu Jesus, um ihn zu hören. Das missfiel den Schriftgelehrten und den Pharisäern sehr. Sie sagten: »Schaut mal, mit welchem Gesindel sich dieser Jesus abgibt, mit Zöllnern und Sündern. Ja, er isst sogar mit ihnen an einem Tisch.« Jesus hörte das.

Statt ärgerlich etwas zu erwidern, erzählte er ihnen eine Geschichte:

»Stellt euch vor, einer von euch ist ein Hirte und besitzt hundert Schafe. Ein Schaf verliert der Hirte, so dass er nur noch neunundneunzig Schafe hat. Was sollte eurer Meinung nach der Hirte jetzt tun? – Ich sage es euch, was der Hirte tut. Er lässt die neunundneunzig Schafe alleine in der Steppe zurück und sucht das eine verlorene Schaf solange, bis er es gefunden hat. Und wenn er es gefunden hat, ist er überglücklich, hebt es auf seine Schulter und trägt es nach Hause. Und allen Menschen, denen er auf dem Weg nach Hause begegnet, sowie seinen Nachbarn und Freunden erzählt er jubelnd davon: »Freut euch mit mir. Mein Schaf war verloren. Aber ich habe es wieder gefunden.«

Jetzt wisst ihr, warum ich zu denen gehe, die euch verhasst sind, warum ich mit ihnen esse und ihnen von Gott erzähle. Gott freut sich über jeden Menschen, der zu ihm kommt. Ja, er freut sich über diese Menschen sogar mehr als über die, die meinen, sie haben es nicht nötig umzukehren, oder als über die, die meinen, sie seien was Besseres als andere.«

1.22 Der Stein

Thema:	*Petrus*
	Verleugnung
	Ostern
Alter:	*ab ca. 9 Jahre*
Personen:	*Grupppenarbeit*
Dauer:	*richtet sich nach der Gruppenstärke*
Material:	*pro Teilnehmer einen großen Kieselstein*
	eine Schale
Vorbereitungen:	*Stuhlkreis stellen*
	in die Kreismitte große Schale mit Kieselsteinen stellen

Hinführung

Petrus wurde ungefähr um die Geburt Christi herum in Betsaida geboren und starb zwischen 64 und 67 in Rom. Er wurde als Simon geboren und übte zusammen mit seinem Bruder Andreas am See Genezareth den Beruf des Fischers aus. Hier berief ihn Jesus zu seinem Jünger und gab ihm den Namen Petrus (griechisch = Fels). Im Matthäusevangelium (16,18) heißt es:« Du bist Petrus und auf diesen Felsen will ich meine Kirche bauen.«
Aber Petrus war nicht immer so felsenfest. Jesus prophezeit ihm, dass er ihn dreimal verraten wird.
Die Päpste berufen sich auf Petrus; sie sehen sich als Stellvertreter Christi in der apostolischen Nachfolge Petris.
Petrus wird entweder als Apostel oder als Papst dargestellt, mit Schlüssel, Stab und Buch oder mit Fisch, Kreuz und Hahn.
Petrus wird oft befragt, wenn es ums Wetter geht.
Und die Angler grüßen sich in Erinnerung an den Beruf von Petrus mit »Petri Heil«.
Petrus ist z. B. Patron der Päpste, der Metzger, der Schiffer und Schiffbrüchigen, der Fischer, der Schmiede, der Maurer und der Jungfrauen.
Sein Gedenktag ist der 29. Juni – »Peter-und-Paul-Tag«.

Durchführung

- Jeder Teilnehmer sucht sich einen Stein aus der Schale heraus, der ihm besonders gut gefällt.
- Wer möchte, begründet seine Wahl.
- Anschließend wird eine Runde gemacht: »Wenn mein Stein erzählen könnte, würde er sagen, ich bin …«, z. B. hart, kantig usw.

- Jeder erhält danach ausreichend Zeit, sich mit seinem Stein zu befassen. Die Teilnehmer fühlen seine Form, seine Härte.
- Nach Aufforderung des Gruppenleiters versuchen sie ihn zu zerbrechen oder zu zerdrücken. Sie spüren, der Stein ist »steinhart«.
- Der Gruppenleiter erzählt, dass der Name einer biblischen Person »Fels« bedeutet. Die Teilnehmer stellen Vermutungen an, oder der Gruppenleiter erwähnt den Namen Petrus. Evtl. tragen die Teilnehmer ihr Vorwissen über Petrus zusammen und bringen es in Verbindung mit den Steinen. »Petrus dachte auch, dass man sich felsenfest auf ihn verlassen könne. Das hat er auch versprochen.« Der Gruppenleiter erzählt die Verleugnung des Petrus nach Johannes 18,15–27 und im Anschluss Matthäus 26,69–75 (siehe Erzählvorschlag).

Alternative

Petrus hat Jesus im Stich gelassen. Damit hat er eine Mauer zwischen sich und Jesus gebaut. Die Teilnehmer stapeln ihre Steine symbolisch zu einer kleinen Mauer auf.

Was kann in unserem täglichen Leben Mauern aufbauen, sichtbare und unsichtbare?

Was kann Mauern wieder zum Einstürzen bringen?

Geschichte »Verleugnung des Petrus« (Erzählvorschlag)

Petrus und ein anderer Jünger folgten Jesus. Der andere Jünger ging mit Jesus in den hohepriesterlichen Palast. Petrus wartete im Hof. Da kam eine Magd zu Petrus und sagte: »Du bist doch einer von denen, die immer mit Jesus zusammen sind.« Petrus antwortete erschrocken: »Nein, wovon sprichst du?« Petrus ging in die andere Ecke des Hofes. Dort standen Männer am Feuer und wärmten sich. Petrus stellt sich dazu. Doch die Magd ging ihm nach und sagte zu den Männern: »Seht, der da gehört auch zu Jesus.« Doch Petrus bestritt dies mit einem lauten »Nein« ein zweites Mal.

Da schauten auch die umherstehenden Leute auf: »Klar bist du einer von denen. Du sprichst so wie er. Streite es doch nicht ab.«

Petrus wurde unsicher und ärgerlich. Und zum dritten Mal sagte er beschwörend: »Diesen Mann, den ihr Jesus nennt, kenne ich nicht.«

Da hörte Petrus, wie der Hahn zum zweiten Mal krähte. Petrus erinnerte sich daran, was Jesus noch vor wenigen Stunden zu ihm gesagt hatte. Da wollte er es noch nicht glauben: »Bevor der Hahn zum zweiten Mal gekräht hat, wirst du dreimal gesagt haben, dass du mich nicht kennst.«

Da begann Petrus zu weinen.

1.23 Wer bin ich?

Thema:	*Paulus*
	Biblische Personen
Alter:	*ab ca. 11 Jahre*
Personen:	*Gruppenarbeit*
Dauer:	*mindestens 40 Minuten*
Material:	*Bild von Paulus oder Namensschild*
	Antwortkarten aus festem Zeichenkarton im Format 30 x 12 cm
	Tesafilm
	Textmarker
	Tafel oder freie Wandfläche (evtl. Fußboden)
Vorbereitung:	*Der Gruppenleiter überlegt sich Fragen, die die Teilnehmer an die Person, die besprochen werden soll, stellen könnten.*
	Die entsprechenden Antworten dazu schreibt er auf die Antwortkarten.
	Nähere Erläuterungen zu den Antworten schreibt er auf die Rückseite, so dass die Teilnehmer evtl. selbst nachlesen können.
	Für den Fall, dass er Fragen nicht berücksichtigt hat, bereitet er Blankokarten vor, die dann während der Gruppenstunde ergänzt werden können.

Hinführung

Bei diesem Spiel geht es nicht darum, anhand des Bildes möglichst schnell zu erraten, um welche Person es sich handelt, sondern darum, nähere Informationen über sie zu erhalten.

Durchführung

- Der Gruppenleiter hängt ein Paulusbild auf, alternativ dazu eine leere Karte. Er leitet über: »Jemanden kennen lernen ist gar nicht so einfach. Um jemanden wirklich kennen zu lernen, müssen wir mehr von ihm wissen als nur den Namen. Da brauchen wir schon ein bisschen Zeit, um uns mit ihm zu unterhalten. Jemanden wirklich kennen, das ist schwieriger, als man denkt.« Der Gruppenleiter schreibt nun entweder den Namen »Paulus« auf die Karte oder nennt den Namen zum Bild.
- Evtl. berichten die Teilnehmer auch von Situationen und Erlebnissen, bei denen sie jemanden kennen gelernt haben oder in denen es um Verkennung ging.
- »Ich schlage vor, dass wir in den nächsten Gruppenstunden gemeinsam einen Mann kenne lernen. Es ist gar nicht so leicht, diesen Mann kennen zu lernen, denn er hat bereits vor ca. 2000 Jahren gelebt. Einige sagen, er sei ein wichtiger

Mann, andere mögen ihn nicht.« (Es bietet sich auch an, das Bild erst an dieser Stelle den Teilnehmern zu zeigen.)

- Die Teilnehmer äußern sich zum Bild.
- »Damit wir diesen Mann näher kennen lernen, müssen wir ihn befragen. Es gibt sicher viele Dinge, die ihr über ihn wissen möchtet. Überlegt euch (evtl. in Kleingruppen) Fragen zu diesem Mann und schreibt auf, was ihr über ihn wissen möchtet. Ich versuche dann stellvertretend für diesen Mann, eure Fragen zu beantworten.«
- Nach ausreichender Zeit stellen die Teilnehmer ihre Fragen. Der Gruppenleiter beantwortet die Fragen in erzählender Form und gibt dann die Antwortkarte an den Fragenden weiter. Dieser heftet die Antwortkarte zum Bild.

Variante 1

Nachdem alle Fragen gestellt wurden, fordert der Gruppenleiter die Teilnehmer auf, Paulus mit Hilfe der Antwortkarten in der Ich-Form vorzustellen, z. B. »Ich, Paulus, wurde in Tarsus geboren ...«

Variante 2

Die Teilnehmer notieren sich die Stichworte über Paulus und schreiben eine Kennkarte in Form eines Steckbriefes. Dazu kann es hilfreich sein, die näheren Erläuterungen auf der Rückseite der Karten durchzulesen.

Variante 3

Nachdem alle Antwortkarten um das Bild herum aufgehängt sind, versucht die Gruppe, eine Ordnung in die einzelnen Karten zu bringen. Die Ordnungsgesichtspunkte werden dabei von der Gruppe selbst gefunden, z. B. Geburt, Elternhaus, Religion/Staatsbürgerschaft, Ausbildung/Beruf ...

Hinweis

Die hier für Paulus vorgeschlagene Idee lässt sich auf jede andere Person, mit deren Leben und Wirken man sich näher auseinander setzen will, übertragen. Bei einem solchen Einstieg in eine Gruppenstunde geht es darum, das Interesse für eine bestimmte Person zu wecken. Eine weiterführende und vertiefende Bearbeitung ist unerlässlich und spannend.

Paulus	Paulus hat zwei Namen. Sein römischer Name war Paulus = der Kleine.
Saulus	Sein jüdischer Name Saulus ist ein familiärer, unter seinen Glaubensgenossen gebräuchlicher, zusätzlicher Name. Saulus erinnert an den ersten König von Israel, Saul. Paulus' Eltern waren fromme Juden. Sein Vater ging in die Synagoge und nicht wie die anderen in die Tempel der Stadt, um zu opfern oder Feste zu feiern.
geboren +/– 0	Das genaue Geburtsjahr des Paulus steht nicht fest. Nachforschungen haben ergeben, dass er ungefähr um 0 geboren sein muss.
gestorben +/– 60	Das genaue Todesjahr des Paulus steht nicht fest. Nachforschungen haben ergeben, dass er ungefähr um 60 gestorben sein muss.
Tarsus	Tarsus ist die Hauptstadt der römischen Provinz Kilikien und liegt heute in der Ost-Türkei. Damals lebten dort Griechen, Juden und Kaufleute aus anderen Ländern. Tarsus gewann seine Bedeutung vor allem durch die zwei Handelsstraßen, die sich in der Stadt kreuzten.

römischer Bürger	Bürgern der Stadt Tarsus konnte das römische Bürgerrecht verliehen werden. Sie bezahlten geringere Steuern und standen unter dem besonderen Schutz des Kaisers in Rom. Das bedeutete z. B., dass sie im Falle eines Prozesses oder Gerichtsurteils beim Kaiser Einspruch erheben konnten. Paulus hatte das römische Bürgerrecht von seinen Eltern geerbt.
Grieche	Seiner Bildung nach war der römische Bürger Paulus Grieche. Die Stadt, in der er aufwuchs, wurde als die Hauptstadt der griechischen Kultur in Kleinasien bezeichnet. Paulus kannte sich in griechischer Kultur, Religion und Philosophie gut aus.
gesetzesstrenger Jude	Nach dem jüdischen Gesetz wurde Paulus beschnitten. Er besuchte die Synagoge und lernte die Septuaginta (hebräische Bibel in griechischer Übersetzung) kennen. Von Kind an war er mit allen jüdischen Sitten und Gebräuchen bekannt.
reicher Vater	Sein reicher Vater schickte ihn zum Studium nach Jerusalem.
Zeltmacher	Paulus erlernte zunächst denselben Beruf wie sein Vater, Zeltmacher und Teppichweber. Teppiche kauften vorwiegend die reichen der Stadt. Zelte dagegen wurden von den fahrenden Händlern benötigt. Mit dieser Tätigkeit verdiente sich Paulus auch auf seinen späteren „Reisen“ seinen Lebensunterhalt.

Tora	In der Synagoge lernte Paulus die hebräische Bibel kennen. Hier hörte er auch, dass es nur einen Gott gibt und nicht, wie die Griechen glaubten, viele Götter.
Gamaliel	Gamaliel galt als berühmter Gesetzeslehrer. Vermutlich schloss sich Paulus dem Schülerkreis des Rabbi an.
Jerusalem	In Jerusalem absolvierte Paulus seine Ausbildung. Hier lebten auch Verwandte von ihm.
Studium der Schriftgelehrsamkeit	Paulus studierte die hebräische Bibel. Er kannte ihre Schriften genau.
eifert für das Gesetz	Paulus studierte die Tora und befolgte streng ihre Weisungen.

erzählt die christliche Botschaft	Durch das Damaskuserlebnis und die damit verbundene Christusoffenbarung fühlt sich Paulus als ein von Christus berufener Apostel. Er erhält den Auftrag, das Evangelium unter den Heiden zu verkünden. Dieser Aufgabe widmete er von da an sein ganzes Leben.
Apostel Christi	Apostel bedeutet Gesandter.
Briefe	Die Briefe sind »Selbstzeugnisse« des Paulus. In ihnen haben wir die zuverlässigsten Schilderungen seines Lebens.
Apostelgeschichte	In der Apostelgeschichte von Lukas erfahren wir viel über das Leben des Paulus.

Reisen	Im Rahmen seiner Missionstätigkeit unternimmt Paulus viele Reisen. Er predigt die christliche Botschaft und gründet zahlreiche Gemeinden. Seinen Missionsreisen ist es zu verdanken, dass der christliche Glaube über die Grenzen des jüdischen Volkes hinaus in die übrige Welt verbreitet wurde. Sein Leben und v. a. sein Werk sind für das Verständnis des christlichen Glaubens von entscheidender Bedeutung.
Reden	In seinen umfangreichen Reden vor Juden und Heiden entfaltet Paulus die Grundwahrheiten der christlichen Botschaft.
Pharisäer	Im Philipperbrief (3,5f.) schreibt Paulus: »Beschnitten am achten Tag, aus dem Volk Israel, dem Stamm Benjamin, ein Hebräer von Hebräern, dem Gesetz nach ein Pharsiäer, dem Eifer nach ein Verfolger der Kirche, der Gesetzesgerechtigkeit nach untadelig.« Pharisäer waren angesehene Männer, die aus verschiedensten Berufen kamen. Sie lebten so, wie es die Bibel vorschreibt und wie es die Propheten gefordert hatten. Dazu gehörte z. B. die Beachtung des Sabbats, keine Berührung mit Heiden.

1.24 Die Reisen des Apostel Paulus

Thema: *Paulus*
Alter: *ab ca. 11 Jahre*
Personen: *Gruppenarbeit*
Dauer: *ca. 25 Minuten*
Material: *Wissens- und Ereigniskarten*
Vorbereitungen: *Wissens- und Ereigniskarten kopieren, ausschneiden und auf zwei Stapel legen*

Hinführung

Das hier beschriebene Spiel kann als Übungs- und Wiederholungsform auf jedes beliebige Thema übertragen werden. Statt die Reisen des Apostel Paulus systematisch zu besprechen, greift dieses Spiel wichtige Stationen und Begebenheiten der Reisen auf.

Durchführung

- Ein Kind bekommt die Rolle des Paulus.
- Seine Aufgabe ist es, zu möglichst vielen Gemeinden (Kindern) zu reisen.
- Die Reiseroute wird vorher im Gruppenraum festgelegt.
- Paulus geht zur ersten »Gemeinde« (erstes Kind).
- Der Gruppenleiter liest dann eine Wissens- oder Ereigniskarte laut vor. Derjenige von beiden (die »Gemeinde« oder »Paulus«), der die Frage schneller bzw. richtig beantwortet oder als erster die gestellte Aufgabe erfüllt hat, reist als Paulus weiter zu den nächsten »Gemeinden«.
- Damit es für die übrigen Kinder nicht langweilig wird, enthalten die Ereigniskarten Aufgaben, die die gesamte Gruppe fordern.

Alternative

Wer das Spiel nicht als »Reise durch die Gruppe« spielen will, malt einen Spielplan mit beliebig vielen Feldern auf. Entsprechend der Anzahl an Wissenskarten werden Felder rot und entsprechend der Anzahl der Ereigniskarten werden Felder grün markiert. Es wird reihum gewürfelt, kommt ein Kind auf ein rotes Feld, zieht es eine Karte vom Stapel der Wissenskarten und beantwortet die Frage.

Wissenskarten	Ereigniskarten
Erinnerst du dich noch, wann Paulus geboren wurde?	Paulus reist von einer Gemeinde zur anderen, um die Botschaft von Jesus zu erzählen. Ihr wechselt alle die Plätze!
Als Junge hat Paulus oft in der hebräischen Bibel gelesen. Diese Bibel hat einen besonderen Namen. Welchen?	Zypern: Der römische Statthalter wird Christ. Er glaubt jetzt auch an Jesus. Aus Freude darüber klatschen wir alle einmal kräftig Beifall.
Wie lautet mein lateinischer Name?	Paulus hat gesagt: Wir sind alle ein Leib. Wir gehören zusammen. Schüttelt eurem Nachbarn zum Zeichen der Gemeinschaft die Hand!
Erinnerst du dich noch daran, wann Paulus gestorben ist?	Eine Schlange hat Paulus in das Bein gebissen. Geh bis zum dritten Stuhl auf einem Bein weiter!
Paulus hat zwei Namen. Wie lautet sein jüdischer Name?	An diesem Ort kann Paulus eine Gemeinde gründen. Er bleibt dort. Dein Mitspieler reist für dich weiter.
Wo ist Paulus geboren?	Paulus ist mit dem Schiff unterwegs. Da bricht ein Sturm los. Ihr müsst die gesamte Schiffsausrüstung über Bord werfen. Packt eure Ranzen/Taschen und stellt sie an die Tür!
Was weißt du über den Vater von Paulus?	Antiochia: In der Gemeinde entsteht ein Streit darüber, ob sich die Christen an das Gesetz des Mose halten müssen. Zur Lösung dieser Streitfrage geht Paulus nach Jerusalem zurück. Gehe zwei Stühle zurück.
	Korinth: In dieser Stadt gibt es Streit. Du musst Haare lassen. Du reißt dir symbolisch ein Haar aus!
	Paulus hat es eilig, weiterzukommen. Reise zwei Stühle weiter!
	Nach einer schlaflosen Nacht ist Paulus nicht mehr reisefähig. Du musst dich hinsetzen, und dein Mitspieler reist für dich weiter.

2. Im Anfang erschuf Gott Himmel und Erde

Gott und Schöpfung

2.1 Spurensuche

Thema:	*Wer ist Gott?* *Woher erfahre ich etwas über Gott?*
Alter:	*ab ca. 13 Jahre*
Personen:	*Gruppenarbeit*
Dauer:	*ca. 40 Minuten*
Material:	*Bibeln* *Stifte* *pro Teilnehmer eine Kopie des Arbeitsblattes*
Vorbereitungen:	*benötigtes Material bereitlegen* *pro Teilnehmer eine Kopie des Arbeitsblattes anfertigen*

Hinführung

Jeder kommt mit Vorwissen über Gott in die Gruppenstunde. Manches hat man gehört, wurde einem erzählt. Aber soll man alles glauben, was man gehört hat? Wo steht das eigentlich alles über Gott? Woher haben die Menschen ihr Wissen über ihn? Wir suchen die Antworten in der Bibel.

Durchführung

- Die Teilnehmer tragen ihr Vorwissen über Gott zusammen.
- Sie sammeln mögliche Fragen über Gott.
- Sie suchen Antworten zu »ihren« Fragen auf dem Arbeitsblatt aus der Bibel heraus.
- Sie besprechen mit Hilfe des Gruppenleiters die Bedeutung der gefundenen Textstellen.

Arbeitsblatt

Du weißt sicher schon einiges über Gott. Vielleicht haben dir deine Eltern oder Lehrer von ihm erzählt. Aber bestimmt hast du immer noch viele Fragen zu Gott. Wer ist Gott überhaupt? Wie sieht er aus? Wo wohnt Gott? Welche Sprache spricht er?

In der Bibel findest du einige Antworten auf deine Fragen.

Wie sieht Gott eigentlich aus? Johannes 1,18 und 4,24

Wie kann Gott drei Personen sein? Johannes 14,16–26

Kann Gott auch sterben? Psalm 90,1–4

Weiß Gott wirklich alles? Jeremia 10,6–7

Ist Gott wirklich überall? Psalm 139,7–12

Ist Gott der mächtigste von allen? Psalm 115,3 und Genesis 1

Nur einige Beispiele dafür, wie Gott ist: Psalm 18,29–30.32, Psalm 100,5 und Deuteronomium 32,4

Welche Wünsche hat Gott an mich? Sprüche 6,16–19 und Matthäus 22,37–39

2.2 Was wiegt Gott?

Thema:	*Gott*
	Existiert Gott?
Alter:	*ab ca. 11 Jahre*
Personen:	*Gruppenarbeit*
Dauer:	*ca. 40 Minuten*
Material:	*eine Waage*
	ein Maßband
	diverse Gegenstände aus dem Gruppenraum zum Wiegen und Messen
	Kopiervorlage
	Wortkarten im Format 8 x 5 cm
	Stift
Vorbereitungen:	*benötigtes Material bereitlegen*
	Wortkarten entsprechend dem Beispiel beschriften

Hinführung

Die Kinder setzen sich bei dieser Übung mit Möglichkeiten und Grenzen menschlicher Gotteserfahrungen und menschlicher Erkenntnis auseinander.

Vieles wissen sie von Gott und haben darüber zu Hause, in der Gruppenstunde oder im Religionsunterricht gehört. Sie wissen in der Regel, dass Gott die Welt erschaffen hat, dass er alle Menschen hört und sieht, dass er wie ein Vater zu uns ist, uns seinen Sohn geschickt hat usw.

Doch viele Fragen sind offen und beschäftigen nicht nur Kinder immer wieder: Gibt es Gott wirklich? Lebt Gott im Himmel, und wo ist das? Wieso kann Gott all das, was er kann? Eine Frage taucht jedoch ebenfalls immer wieder auf: »Wie sieht Gott aus? Warum können wir ihn nicht sehen?« Darum geht es bei der folgenden Übung.

Eine oft gestellte Aufgabe im Religionsunterricht lautet: Malt ein Bild, so wie ihr euch Gott vorstellt. Das ist jedoch eine seltsame Aufgabe, da Gott selbst in den Zehn Geboten gesagt hat, wir sollen uns kein Bild von ihm machen. Es gibt viele Dinge, die wir nicht sehen können, nicht riechen, nicht fühlen, nicht hören, und doch sind sie da – genau so wie Gott.

Durchführung

- Die Gruppe tauscht sich zunächst über ihre eigenen Gottesvorstellungen aus. Evtl. sammelt die Gruppe Fragen, die sie zu Gott hat (siehe hierzu auch unter 2.1).

- Der Gruppenleiter stellt eine Waage vor die Kinder und legt ein Metermaß dazu. Daneben liegen zahlreiche Materialien aus dem Gruppenraum, die man wiegen, riechen, sehen oder messen kann.
- Die Kinder legen nacheinander die Materialien auf die Waage, messen sie ab oder riechen daran. Sie tragen ihre Ergebnisse in eine Tabelle ein.
- Danach holt der Gruppenleiter die vorbereiteten Wortkarten hervor und gibt sie den Kindern. Sie sollen überlegen und evtl. ausprobieren, ob das, was auf der Karte steht, ebenfalls gemessen, gewogen, gerochen oder gesehen werden kann. Auch diese Ergebnisse werden in die Tabelle eingetragen. Es folgt die Frage, ob die Dinge, die wir nicht messen, wiegen oder riechen können, dennoch existent sind.

So schaffen wir die Überleitung zur Existenz Gottes.

Beispiele für die Wortkarten

ein freundliches Wort	*der Gutenachtkuss von Mama*	*Glück*
eine dicke Lüge	*Wut im Bauch*	*die Angst, wenn ich alleine zu Hause bin*
die Ablehnung, wenn keiner mit mir spielen will	*die Hoffnung, gesund zu bleiben*	*Wie viel kostet ein guter Freund?*
meine Traurigkeit über den Tod meines Hamsters	*Gott*	*Wo beginnt der Himmel?*

Wieviel wiegt Gott?
Es gibt Dinge, die können wir wiegen, messen, zählen, riechen, schmecken, hören, sehen usw.

Es gibt aber auch Dinge, die wir nicht messen, zählen, riechen, schmecken, hören und sehen können, und sie sind dennoch da.

Das ist es!	Das ist so groß!	Das wiegt so viel!	Das kann ich sehen!	Das kann ich malen!
ein Stück Kreide				
ein Buch				
ein Stift				
eine Orange				
ein Lied				
eine Blume				
ein Euro				
Zimt				
ein Stein				
Wut im Bauch				
eine dicke Lüge				
meine Traurigkeit über den Tod meines Hamsters				

Das ist es!	Das ist so groß!	Das wiegt so viel!	Das kann ich sehen!	Das kann ich malen!
die Hoffnung, gesund zu bleiben				
die Ablehnung, wenn keiner mit mir spielen will				
die Angst, wenn ich alleine zu Hause bin				
der Gutenachtkuss von Mama				
ein freundliches Wort				
Wieviel kostet ein guter Freund?				
Wo beginnt der Himmel?				
Gott				
Glück				

2.3 Die Geschichte der Schöpfung

Thema:	*Genesis* *Schöpfung*
Alter:	*ab ca. 7 Jahre*
Personen:	*Gruppenarbeit*
Dauer:	*ca. 25 Minuten*
Vorlesedauer:	*(ohne Pausen) 4 Minuten*
Material:	*weißer Plakatkarton in DIN A2-Größe* *Schere* *Klebstoff* *Farbstifte, am besten Wachsmalstifte* *evtl. festes Papier oder Pappe* *Kopiervorlagen*
Vorbereitungen:	*Kopiervorlagen pro gebildeter Gruppe einmal kopieren* *benötigtes Material bereitlegen*

Hinführung

Bei dieser Methode geht es darum, den Kindern unsere Welt als Gottes Schöpfung vor Augen zu stellen und mit ihnen gemeinsam über die Schönheiten der Welt nachzudenken und diese auch zu erleben. Voller Staunen und Bewunderung stehen wir vor unserer Welt, fragen immer wieder nach den Anfängen und nach dem Woher und Wohin. Mit diesem Staunen über die Schönheit der Welt und damit dem Staunen über Gott beginnen aber das Sehen und Nachdenken und das bewusste Leben in dieser Welt. Uns wird klar, dass wir allen Grund haben, Gott als unseren Schöpfer zu loben.

Hintergrund dieser Gruppenarbeit ist der jahwistische Schöpfungsbericht. Entsprechend des 6-Tage-Rhythmus werden parallel zur Erzählung die Schöpfungswerke zu einer Collage gestaltet. So wird in der zeitlichen Abfolge den Kindern die Entstehung der Erde vor Augen geführt.

Was mit Staunen beginnt, endet mit Staunen: Die Schöpfung umfasst viele schöne und bewundernswerte Dinge. So wird die Collage froh und farbenprächtig. Das Staunen der Kinder über die Schönheit unserer Erde führt zum Staunen über Gott. Und dieses Staunen schafft den Verstehenshintergrund für die Verantwortung für diese Schöpfung. Gottes Welt liegt in der Hand des Menschen – doch nicht immer gehen wir mit dem uns Anvertrauten verantwortungsvoll um. Wollen wir uns die Welt als Gabe Gottes in ihrer Schönheit bewahren, müssen wir mitbauen an dieser Erde; sie als Gabe, aber auch als Aufgabe sehen. Wir leben auf dieser Erde und von dieser Erde – dies gilt es deutlich zu machen.

Durchführung

- Der Gruppenleiter teilt die Kinder in mehrere Kleingruppen bis maximal 5 Kinder ein.
- Jede Gruppe erhält einen Satz Kopiervorlagen und schneidet die Bilder (grob) aus.
- Die Bilder werden dann für alle gut sichtbar auf die Tische gelegt.
- Der Gruppenleiter erzählt die Schöpfungsgeschichte (siehe Erzählvorschlag) ganz langsam und mit Pausen.
- Jedes Mal wenn von einem Schöpfungswerk gesprochen wird, kleben die Gruppen die entsprechenden Bilder auf das Plakat. Möchten sie etwas darstellen, wozu keine Kopie vorhanden ist, malen sie dies selbst dazu.
- Abschließend wird alles farblich ausgestaltet.
- Die Gruppen stellen sich gegenseitig ihre »Schöpfungsplakate« vor und erinnern noch mal die biblische Schöpfungsgeschichte.

Alternative 1

Die Kinder gestalten mit Hilfe der Kopiervorlagen einen Schuhkarton zum Thema Schöpfung aus. Hier bietet es sich auch an, z. B. die Menschen aus Knete zu formen.

Alternative 2

Die Kopiervorlagen werden auf festes Papier oder Pappe kopiert, ausgeschnitten und angemalt. Dann bastelt man ein Mobile aus den Schöpfungsteilen mit Monden, Sternen, kleinen Tieren, Trockenblumen und Menschen.

Hinweis

Am Ende der Einheit bietet es sich auch an, das Lied »Da vertraute Gott die Erde« (siehe unter 2.6) zu singen.

Die vorgeschlagene Methode kann ebenso zur Gestaltung von Psalm 104 angewandt werden.

Wer nicht mit dem Erzählvorschlag arbeiten möchte, findet unter 2.5 den biblischen Text von der Erschaffung der Welt.

Geschichte »Schöpfung« (Erzählvorschlag)

Am Anfang war die Erde wüst und leer. Kein Mensch lebte. Es gab keine Tiere und keine Pflanzen. Alles war dunkel. Wasser bedeckte die ganze Erde. Da sprach Gott: »Es werde Licht.« Und tatsächlich wurde es auf der Erde hell. Gott freute sich über das Licht und nannte es Tag. Die Dunkelheit nannte er Nacht. Und so verging schon der erste Tag.

Am zweiten Tag wollte Gott noch etwas erschaffen. Er sagte: »Ein Gewölbe soll über dem Wasser entstehen.« Gott nannte die Wölbung den Himmel.

So ging der zweite Tag zu Ende.

Aber auf der Erde war immer noch sehr viel Wasser. Gott sprach: »Das Wasser soll sich in Tälern sammeln, damit Wasser und Land getrennt sind.« Das Land, das nicht mehr von Wasser überspült wurde, nannte er Erde und die Wasserbecken Meer. Aber die blanke braune Erde genügte Gott noch nicht. Etwas Farbenfrohes sollte entstehen. So befahl er: »Auf der Erde sollen Bäume und Sträucher, Blumen und Gräser wachsen.« Und da wuchsen Blumen, Büsche und Bäume und Gräser aus der Erde. Gott freute sich über die wunderschön blühende Erde.

So verging der dritte Tag.

Nun schaute Gott zum Himmel empor und stellte fest, dass dieser ziemlich leer aussah. Er sprach: »Am Himmel sollen Lichter leuchten, Sterne, der Mond und die Sonne. Sie sollen den Tag und die Nacht hell machen.« So geschah es. Und Gott hatte Freude an dem, was er sah.

So geschah es am vierten Tag.

Aber auf der Erde gab es noch nichts, das sich bewegte, nichts, das Geräusche machte. Also sprach er: »Im Wasser und in der Luft sollen Tiere leben.« Viele bunte Fische, Krebse und Krabben setzte er ins Meer und kleine Vögel an den Himmel. Gott freute sich, das alles so gut war.

So war der fünfte Tag vorüber.

Gott sprach: »Es soll auch noch Tiere geben, die auf der Erde leben.« So erschuf er alle Tiere, die du dir nur vorstellen kannst, und setzte sie auf die Erde. Er sprach: »Ich will auch noch Lebewesen schaffen, die meinem Bilde ähnlich sind.« Und er schuf Mann und Frau und hauchte ihnen Lebensatem ein. Er segnete sie und vertraute ihnen die gesamte Erde an. »Geht achtsam damit um!«, sagte er zu ihnen.

Das geschah am sechsten Tag.

Gott schaute sich alles an, was er geschaffen hatte. Seine Schöpfung war gut und zu seiner Freude gelungen. So ruhte er sich am siebten Tag aus. Er sagte: »Dieser siebte Tag gehört mir. Er ist ein Ruhetag. Bewahrt ihn euch.«

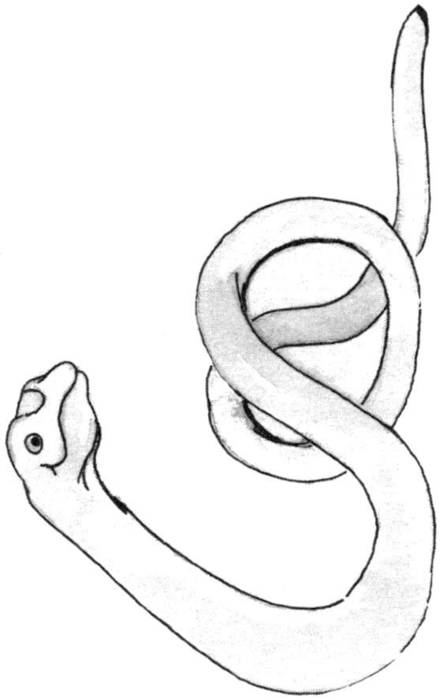

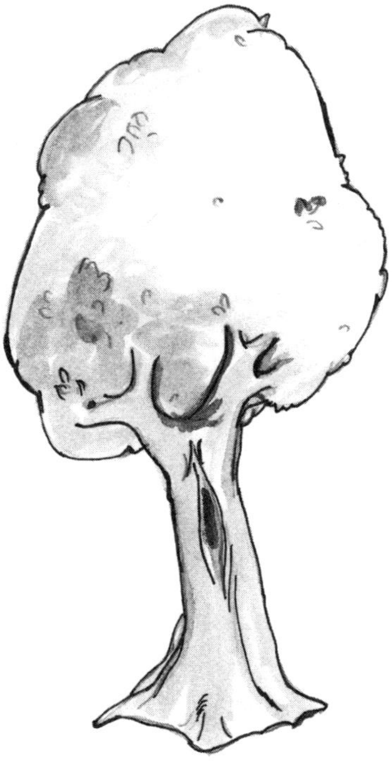

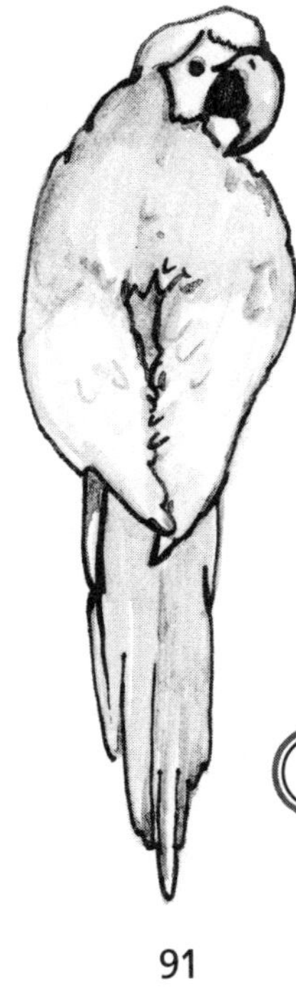

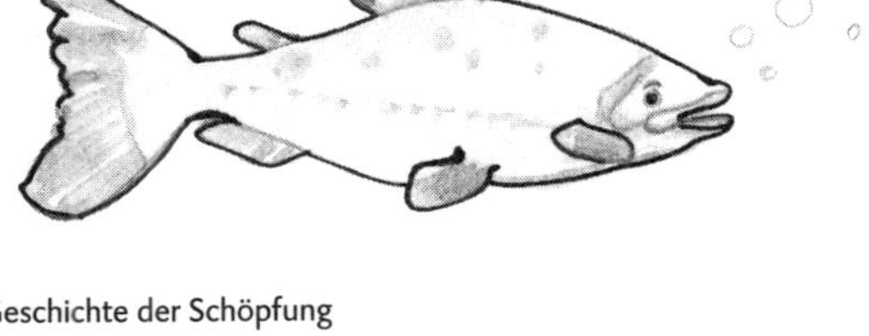

2.4 Werke der Schöpfung

Thema:	*Schöpfung*
Alter:	*ab ca. 9 Jahre*
Personen:	*Einzel- und Gruppenarbeit*
Dauer:	*ca. 40 Minuten*
Material:	*Buchstabenkarten* *Schere* *evtl. Buntstifte*
Vorbereitungen:	*Buchstabenkarten entsprechend der Kopiervorlage für jeden Teilnehmer kopieren*

Hinführung

Neben den im biblischen Schöpfungsbericht beschriebenen Schöpfungswerken sind die Kinder täglich von kleinen und großen Wundern der Schöpfung umgeben. Sich die Vielfalt und Schönheit dieser Schöpfung bewusst zu machen ist Sinn dieses Vorschlags.

Zur Hinführung siehe auch unter 2.3.

Durchführung

- Die Kinder schneiden die Buchstabenkarten von der Kopiervorlage aus.
- Ihre Aufgabe ist es dann, möglichst viele Dinge, die Gott erschaffen hat mit ihren Buchstabenkarten zu legen.
- Wenn ihnen Buchstaben fehlen, können sie diese auf die Blanko-Karten schreiben.
- Wer hat am meisten Schöpfungsdinge gefunden?

Alternative

Die Kinder hören die Schöpfungsgeschichte und legen anschließend mit Hilfe ihrer Buchstabenkarten das 6-Tage-Werk. Zu jedem Tag malen sie ein Bild.

A	A	A	A	A	A	E	E
E	E	E	E	E	E	E	E
E	E	I	I	I	I	I	I
O	O	O	O	O	O	U	U
U	U	U	U	B	B	B	B
B	C	C	C	C	C	C	C
D	D	D	D	D	F	F	F
F	F	G	G	G	G	G	H
H	H	H	H	H	H	H	H
J	J	K	K	K	K	K	L
L	L	L	L	M	M	M	M
M	N	N	N	N	N	N	N
N	N	N	N	P	P	P	Q
R	R	R	R	R	S	S	S
S	S	S	T	T	T	T	T
V	W	W	W	W	X	Y	Z

2.5 Tabelle

Thema:	*Schöpfung*
Alter:	*ab ca. 8 Jahre*
Personen:	*Gruppenarbeit*
Dauer:	*ca. 30 Minuten*
Material:	*Bibeln* *zwei Plakate im DIN A2-Format* *Stifte*
Vorbereitungen:	*Der Gruppenleiter schreibt auf ein Plakat untereinander die Begriffe Himmelsgewölbe, Gestirne, Meer, Luftraum und Erde.* *Auf das zweite Plakat schreibt er die Begriffe Pflanzen, Wassertiere, Vögel, Landtiere, Menschen untereinander auf.*

Hinführung

Der hier gemachte Vorschlag beschäftigt sich ebenfalls mit dem biblischen Schöpfungsbericht. Es wird ebenso herausgearbeitet, was an welchem Tag geschaffen wurde, wie die Zweiteilung des Schöpfungsgeschehen in eine belebte und unbelebte Welt.

Zur Hinführung siehe auch unter 2.3.

Durchführung

- Der Gruppenleiter zeigt den Kindern die beiden vorbereiteten Plakate. Sie vergleichen beide miteinander.
- Es wird herausgearbeitet, dass es um die belebte und unbelebte Schöpfung geht.
- Die Plakate erhalten die Überschriften »Erschaffung der Lebensräume« und »Erschaffung der Lebewesen«.
- Die Teilnehmer tragen mit Hilfe der Bibeln zu jedem Begriff die entsprechende Verszahl ein. Sie vergleichen die beiden Plakate miteinander und tauschen sich über ihre Beobachtungen aus.

Bibeltext »Die Erschaffung der Welt« (Genesis 1,1–2,4a)

Im Anfang schuf Gott den Himmel und die Erde. Die Erde aber war wüst und leer. Finsternis lag über dem Abgrund, und der Geist Gottes schwebte über den Wassern.

Da sprach Gott: »Es werde Licht!« Und es ward Licht. Gott sah, dass das Licht gut war, und Gott schied zwischen dem Licht und der Finsternis. Gott nannte das Licht Tag, und die Finsternis nannte er Nacht. Es ward Abend, und es ward Morgen: erster Tag.

Nun sprach Gott: »Es werde ein Firmament inmitten der Wasser und scheide zwischen Wasser und Wasser!« Und es geschah so. Gott machte das Firmament, und es schied zwischen den Wassern unterhalb des Firmamentes und den Wassern oberhalb des Firmamentes. Gott nannte das Firmament Himmel. Es ward Abend, und es ward Morgen: zweiter Tag.

Nun sprach Gott: »Es sammle sich das Wasser, das unter dem Himmel ist, zu einer Ansammlung, und es erscheine das trockene Land!« Und es geschah so. Gott nannte das trockene Land Erde, und die Ansammlung des Wassers nannte er Meer. Und Gott sah, dass es gut war.

Dann sprach Gott: »Es lasse grünen die Erde Grünes, Kraut, das Samen bringt, und Fruchtbäume, die Früchte auf Erden tragen, in denen ihr Same ist!« Und es geschah so. Die Erde brachte Grünes hervor, Kraut, das Samen bringt nach seiner Art, und Bäume, die Früchte tragen nach ihrer Art, in denen ihr Same ist. Und Gott sah, dass es gut war. Es ward Abend, und es ward Morgen: dritter Tag.

Nun sprach Gott: »Es sollen Leuchten werden am Firmament des Himmels, damit sie scheiden zwischen dem Tag und der Nacht; sie sollen als Zeichen dienen für Festzeiten und Tage und Jahre. Sie sollen Leuchten sein am Firmament des Himmels, um über die Erde zu leuchten.« Und es geschah so. Gott machte die beiden großen Leuchten, die größere Leuchte zur Herrschaft über den Tag, die kleinere Leuchte zur Herrschaft über die Nacht, dazu die Sterne. Gott setzte sie an das Firmament des Himmels, damit sie über die Erde leuchten, damit sie über den Tag und über die Nacht herrschen und zwischen dem Licht und der Finsternis scheiden. Und Gott sah, dass es gut war. Es ward Abend, und es ward Morgen: vierter Tag.

Nun sprach Gott: »Es sollen die Wasser wimmeln vom Gewimmel lebendiger Wesen, und Vögel sollen über die Erde am Firmament des Himmels hinfliegen!« Und es geschah so. Gott schuf die großen Seetiere und alle lebendigen Wesen, die sich regen und von denen das Wasser wimmelt, nach ihren Arten, und alle geflügelten Vögel nach ihren Arten. Und Gott sah, dass es gut war. Gott segnete sie und sprach: »Seid fruchtbar und mehret euch und erfüllet das Wasser in den Meeren, und die Vögel sollen sich vermehren auf Erden.« Es ward Abend, und es ward Morgen: fünfter Tag.

Nun sprach Gott: »Es bringe die Erde hervor lebendige Wesen nach ihren Arten: Vieh, Gewürm und Wild des Feldes nach ihren Arten!« Und es geschah so. Gott machte das Wild des Feldes nach seinen Arten, das Vieh nach seinen Arten und alles Gewürm auf dem Erdboden nach seinen Arten. Und Gott sah, dass es gut war.

Nun sprach Gott: »Lasst uns den Menschen machen nach unserem Bilde, uns ähnlich. Sie sollen herrschen über die Fische des Meeres und über die Vögle des Himmels, über das Vieh und über alles Wild des Feldes und über alles Gewürm, das auf dem Erdboden kriecht!«

Und Gott schuf den Menschen nach seinem Bilde, nach dem Bilde Gottes schuf er ihn, als Mann und Frau schuf er sie.

Gott segnete sie, und Gott sprach zu ihnen: »Seid fruchtbar und mehret euch und erfüllet die Erde und macht sie euch untertan! Herrschet über die Fische des Meeres und über die Vögel des Himmels und über alles Getier, das sich auf Erden regt!« Dann sprach Gott: »Seht, ich übergebe euch alles Kraut, das Samen hervorbringt auf der ganzen Erde, und alle Bäume, die samentragende Früchte hervorbringen; das sei eure Nahrung. Allem Wild des Feldes, allen Vögeln des Himmels und allem, was sich auf Erden regt und Lebensodem in sich hat, gebe ich alles grüne Kraut zur Nahrung!« Und es geschah so. Und Gott sah alles, was er gemacht hatte, und siehe, es war sehr gut. Es ward Abend, und es ward Morgen: sechster Tag.

So wurden Himmel und Erde mit ihrem ganzen Heer vollendet. Gott vollendete am siebten Tag sein Werk, das er gemacht hatte, und ruhte am siebten Tag von seinem ganzen Werk, das er gemacht hatte. Und Gott segnete den siebten Tag und heiligte ihn, denn an ihm ruhte er von seinem ganzen Schöpfungswerk. Dies ist die Entstehungsgeschichte des Himmels und der Erde, als sie erschaffen wurden.

2.6 Da vertraute Gott die Erde

Thema:	*Schöpfung*
	Bewahrung der Schöpfung
	Auftrag des Menschen
Alter:	*ab ca. 8 Jahre*
Personen:	*Gruppenarbeit*
Dauer:	*ca. 40 Minuten*
Material:	*Liedblätter*
	Papier
	Buntstifte
	evtl. Kopiervorlagen aus 2.3
	Tesafilm
Vorbereitungen:	*benötigtes Material bereitlegen*

Hinführung

Gott hat den Menschen nicht nur den Auftrag gegeben, die Erde zu bebauen, sondern sie auch zu bewahren. Er vertraute uns die Erde an; das bedeutet für uns einen verantwortlichen Umgang mit dem uns Anvertrauten. Dieses Lied erinnert noch mal an diesen Auftrag.

Durchführung

- Um mit diesem Lied zu arbeiten, gibt es verschiedene Möglichkeiten. Es kann z. B. auch im Zusammenhang mit den unter 2.3, 2.4 und 2.5 vorgestellten Ideen in der Gruppe gesungen werden.

Alternative 1

Die Kinder werden in Kleingruppen eingeteilt. Jede Gruppe erhält die Kopie einer Liedstrophe auf einem DIN A2-Blatt.
Die Kinder malen die entsprechenden Bilder zu »ihrer« Strophe.
Anschließend hören sie die Schöpfungsgeschichte.
Sie ordnen die Bilder in der Reihenfolge der Schöpfungswerke und hängen sie im Gruppenraum auf.
Sie singen gemeinsam das Lied.

Alternative 2

Ähnlich wie oben; allerdings malen die Kinder nicht selbst, sondern erhalten die Kopiervorlagen von 2.3, schneiden sie aus und kleben sie zu ihrem Liedtext.

Alternative 3

Das Lied eignet sich auch hervorragend, um als Bewegungsspiel dargestellt zu werden. Die Gruppe findet selbst Bewegungen für die im Liedtext beschriebenen Schöpfungswerke wie z. B. Berge, Bäume, Sterne, Tiere etc.

Vorschlag für den Refrain

- *»da vertraute Gott die Erde« –*

Mit beiden Händen einen großen Erdball formen.

- *»das sie gut behütet werde« –*

Beide Arme waagerecht nach vorne wie zum Segen wegstrecken.

- *»uns so lang wir leben an« –*

Arme vor der Brust kreuzen.

Da vertraute Gott die Erde

T.: Rolf Krenzer

M.: Detlev Jöcker

2. Als das Land mit seinen Bergen,
als das große Meer begann,
da vertraute Gott die Erde,
dass sie gut behütet werde,
uns so lang wir leben an.

3. Als der Himmel und die Sterne,
als der Sonnenschein begann,
da vertraute Gott die Erde,
dass sie gut behütet werde,
uns so lang wir leben an.

4. Als das Leben aller Pflanzen
und der Bäume einst begann,
da vertraute Gott die Erde,
dass sie gut behütet werde,
uns so lang wir leben an.

5. Als das Leben aller Tiere
einst durch Gottes Wort begann,
da vertraute Gott die Erde,
dass sie gut behütet werde,
uns so lang wir leben an.

6. Und als unser Menschenleben
einst durch Gottes Wort begann,
da vertraute Gott die Erde,
dass sie gut behütet werde,
und dem Mensch den Menschen an.

7. Alles, was uns Gott gegeben,
das vertraute er uns an.
Seine Schöpfung, alles Leben
voll Vertrauen übergeben!
Denkt doch allezeit daran!

2.7 Zimmergarten

Thema:	*Schöpfung*
Alter:	*ab ca. 5 Jahre*
Personen:	*Einzel- und Gruppenarbeit*
Dauer:	*ca. 20 Minuten*
Material:	*pro Teilnehmer:*
	eine große flache Schale (Durchmesser mind. 30 cm)
	eine Tüte Sand oder Blumenerde
	Äste
	Steine
	Kastanien, Eicheln
	beliebiges Dekorationsmaterial aus der Natur
	Draht
	Klebstoff
	evtl. Kopiervorlagen zur Schöpfung siehe unter 2.3
	Pappe
	evtl. Ton
Vorbereitungen:	*benötigtes Material bereitlegen*

Hinführung

Gott hat die Welt geschaffen wie einen wunderschönen Paradiesgarten. Ein solcher Garten Eden in Miniaturausgabe kann nun selbst nachempfunden und gestaltet werden.

Durchführung

- Die Schale wird etwa bis zur Hälfte mit Sand oder Blumenerde gefüllt.
- Mit den übrigen Materialien wird ein Garten gestaltet. Die Äste steckt man senkrecht in die Erde; sie sehen dann aus wie kleine Sträucher oder Bäume.
- Der Draht wird zu zwei Halbkreisen gebogen und über Kreuz in die Erde gesteckt.
- Die Sterne der Kopiervorlagen werden ausgeschnitten, angemalt und am Draht befestigt.
- Evtl. werden Tiere der Kopiervorlagen ebenfalls ausgeschnitten, auf der Rückseite mit Pappe verstärkt und in den Garten gestellt.
- Wer mag, formt Adam und Eva aus Ton und stellt sie ebenfalls in den Garten.

Hinweis

- Es empfiehlt sich vor der Gestaltung der Gärten die Geschichte von der Schöpfung zu erzählen oder zu lesen.
- Ein Erzählvorschlag zur Schöpfungsgeschichte findet sich unter 2.3, eine Vorlage aus der Bibel unter 2.5. Ein Erzählvorschlag zur Vertreibung aus dem Paradies findet sich unter 1.7.
- Die Gärten können auch in Kleingruppen entstehen.

2.8 Naturspaziergang

Thema:	*Schöpfung*
Alter:	*ab ca. 5 Jahre*
Personen:	*Einzel- und Gruppenarbeit*
Dauer:	*mindestens 40 Minuten* *je nach Länge des Spaziergangs*
Material:	*pro Teilnehmer eine kleine Tüte, um die gesammelten Dinge hinein zu tun* *evtl. pro Teilnehmer eine Kopie der Vorlage* *evtl. einen Korb*
Vorbereitungen:	*keine bzw. evtl. Kopiervorlage in ausreichender Menge bereithalten*

Hinführung

Es geht darum, die Kinder in ihrer Wahrnehmungsfähigkeit zu sensibilisieren und sie zum Staunen über die Schönheit der Schöpfung zu führen.

Durchführung

- Die Teilnehmer unternehmen einen Spaziergang durch die Natur – durch einen Park, den Wald, einen Garten. Evtl. erhalten sie Beobachtungsaufgaben oder den Auftrag, etwas besonders Schönes vom Spaziergang mitzubringen (siehe Kopiervorlage).

Alternative 1

Die vom Spaziergang durch die Natur mitgebrachten »schönen« Dinge (z. B. Steine, Muscheln, Rinde, Holz, Blüten etc.) werden in einem Korb gesammelt. Mit verbundenen Augen muss ein Kind die Dinge ertasten oder erriechen.

Alternative 2

Während des Spaziergangs macht die Gruppe an einem besonders schönen Platz eine Pause. Dort geht es mit Hilfe des Spiels »Ich sehe was, was du nicht siehst« darum, Schönheiten in der Natur zu entdecken.

Alternative 3

Die Gruppe versucht in der Natur einmal eine Minute lang ganz leise zu sein. Welche Geräusche sind zu hören?

Alternative 4

Jeder Teilnehmer kniet sich auf den Boden und stützt seine Hände nach vorne ab. Er beobachtet eine Minute lang alles, was sich zwischen seinen Händen befindet und bewegt.

Alternative 5

Bei einem Waldspaziergang sucht sich die Gruppe eine Baumgruppe aus, deren Bäume im Abstand von ca. zwei Metern zusammenstehen. Dann schleppen alle so viele Äste herbei, wie sie finden können. Die Äste werden so zwischen den Bäumen aufgestapelt, dass daraus eine Bank entsteht. Ist die Bank fertig, wird sie mit Laub ausgepolstert. Dann setzen sich alle darauf und erzählen sich eine Geschichte oder hören zu, wenn der Gruppenleiter eine Geschichte, z. B. die Schöpfungsgeschichte (siehe unter 2.3) vorliest.

Bevor du dich auf den Weg machst, lies dir alle Suchaufträge durch!
Achte bei deinem Spaziergang auch auf die Geräusche, die du hörst!

1. *Suche etwas Weiches!*
2. *Suche eine Frucht!*
3. *Suche eine Blume!*
4. *Suche etwas Hartes!*
5. *Suche etwas Essbares!*
6. *Suche ein hübsch gefärbtes Blatt!*
7. *Suche etwas Moos!*
8. *Suche einen schönen Ast!*
9. *Siehst du ein kleines Tier?*
10. *Bringe etwas besonders Schönes von deiner Suche mit!*

2.9 Bedrohte Schöpfung

Thema: *Schöpfung*
Alter: *ab ca. 13 Jahre*
Personen: *Gruppenarbeit*
Dauer: *ca. 40 Minuten*
Material: *verschiedenen Malutensilien*
pro Kind ein Papier im DIN A2-Format
Vorbereitungen: *benötigtes Material bereitlegen*

Hinführung

Die Kinder sollen erkennen, dass die (Schönheit der) Schöpfung durch uns Menschen bedroht ist. Sie versetzen sich in die Rolle von Pflanzen und Tieren und denken über die Freude über ihr Geschaffensein nach, sowie über die Bedrohung, die für sie vom Menschen ausgeht.

Durchführung

- Das vorbereitetet Papier wird in der Mitte gefaltet.
- Auf die Aussagefähigkeit von Farben wird hingewiesen.
- Dann wird auf die eine Hälfte der Dank für die Schöpfung gemalt, auf die andere Seite die Ängste bezüglich der Zerstörung der gesamten Schöpfung oder Teilbereichen der Schöpfung.

Alternative

Die Teilnehmer verfassen kleinere Sprechtexte der Pflanzen und Tiere, in denen Freude und Ängste zum Ausdruck gebracht werden.

Textbeispiel: »Butterblume«

Die meisten von euch kennen mich, weil ich durch mein leuchtendes Gelb immer wieder auffalle. Ich stehe auf der Wiese oder am Waldrand und strecke mein Köpfchen den ersten Sonnenstrahlen entgegen. Ich beobachte die Wolken, die am Himmel vorüberziehen, und danke dem Regen, dass er mich nährt. Ich danke Gott, dass ich bin. Besondere Freude macht es mir, wenn ich mit meinem Duft und meinem Aussehen Spaziergänger erfreuen kann.

Aber gerade unter den Menschen gibt es recht unüberlegte Exemplare. Sie reißen uns einfach aus der Erde mitsamt den Wurzeln, damit wir für kurze Zeit in einer Vase stehen sollen. Wir wollen aber da bleiben, wo wir hingehören, um wachsen und gedeihen zu können, um auch andere zu erfreuen.

2.10 Die Sonne

Thema: *Symbol Sonne*
Schöpfung
Licht
Gottes Liebe
ist wie die Sonne
Alter: *ab 5 Jahre*
Personen: *Gruppenarbeit*
Dauer: *ca. 25 Minuten*
Material: *gelbes Krepppapier*
Schere
gelbe Wortkarten im Format 30 x 7 cm
Stifte
evtl. eine Kerze
evtl. Streichholz
Vorbereitungen: *evtl. die Krepppapierrolle in 2 cm dicke Stücke schneiden, Wortkarten und gelbe Stifte bereitlegen*

Hinführung

»Die Sonne« ist eine einfache Bastelarbeit, die, eingeflochten in den Unterrichts- bzw. Gruppenstundenverlauf, als Gemeinschaftsarbeit entsteht. Bei zahlreichen Themen und symboldidaktischen Überlegungen kann sie als Ausgangspunkt der Betrachtung, als gestaltetes Element, zur Weiterarbeit oder Vertiefung eingebracht werden. Vor allem zur rhythmisch-pantomimischen Ausgestaltung von (Sonnen-)Liedern, wie z.B. »Gottes Liebe ist wie die Sonne« (Troubadour für Gott, Nr. 5); »Sonne der Gerechtigkeit« (Gotteslob, Nr. 644) oder »Vom Aufgang der Sonne« und zu symboldidaktischen Sequenzen ist sie bestens geeignet.

Die Sonne als Element der Schöpfung kann auch Anlass ein, über die Verbindung von Licht und Leben auf der Erde nachzudenken. Über das Thema Schöpfung hinaus kann die Sonne auch zu folgenden Themen gestaltet werden:

Jesus ist wie die Sonne, Gottes Liebe ist wie die Sonne, Geburt, Licht der Welt, Taufe, Sonne als Symbol für das Leben, Sonnengeschichten und -lieder.

Durchführung

- Eine Rolle Krepppapier wird in zusammengerolltem Zustand in ca. 2 cm dicke Streifen geschnitten.
- Jeder Teilnehmer erhält einen Krepppapierstreifen, den er entrollt.

- Aus einem kürzeren Krepppapierstreifen wird ein Kreis geformt und verknotet.
- Jeder Teilnehmer fädelt seinen »Sonnenstrahl« durch den Kreis, so dass er anschließend ein Bandende in der linken und das andere in der rechten Hand hält.
- Zum Lied »Vom Aufgang der Sonne« wird die Sonne aufwärts bewegt und geht wieder unter.
- Die Sonne wird am Boden abgelegt.
- Jeder nimmt sich einen vorbereiteten gelben Zettel und schreibt darauf eine Assoziation zum Begriff »Sonne« z. B. Wärme, Licht, hell, Feuerball, Sommer, Sonnenaufgang, Sonnenbrand, Gestirn, Ferien, Sonnenbad, Sonnenfinsternis usw.
- Die Teilnehmer lesen abwechselnd ihre Wortkarten vor und legen sie an einem Sonnenstrahl ab.
- Evtl. wird eine Kerze in der Mitte der Sonne entzündet.
- Der Gruppe wird Gelegenheit gegeben, das Bodenbild auf sich wirken zu lassen.

Alternativen

Für die Sonne ergeben sich, je nachdem in welcher Altersstufe und unter welchem Aspekt sie entsteht, methodische Alternativen:

- einen »Sonnenspaziergang« machen
- Sonne bewusster auf der Haut spüren
- Sonnenbilder betrachten, Gefühle äußern
- Metaphernmeditation: »Wenn es die Sonne nicht gäbe …«
- Die Teilnehmer überlegen, wann sie für wen eine Sonne sein können; sie schreiben es auf die Strahlen einer gemalten oder aus gelbem Tonpapier geklebten Sonne.
- Ebenso wie die Kerze in der Mitte der Sonne wärmt auch die Sonne. Symbolisch für die Wärme der Sonne legt ein Teilnehmer für eine kurze Weile seine Hände vorsichtig um die Kerzenflamme, bis sie sich warm anfühlen. Dann legt er seine Hände mit den Handinnenflächen auf die Handinnenflächen eines anderen Teilnehmers und gibt so die Wärme weiter. Derjenige, der die Wärme empfangen hat, wärmt nun seinerseits seine Hände an der Flamme und gibt ebenfalls die Wärme der Sonne bzw. Kerze weiter.

3. Die Kirche im Dorf lassen

Kirche und Glaube

3.1 Wir bauen eine Kirche

Thema:	*Kirche*
	Kirchenbau
	Kirchengeschichte
Alter:	*ab ca. 9 Jahre*
Personen:	*Einzel- und Gruppenarbeit*
Dauer:	*ca. 40 Minuten*
Material:	*viele leere Schuhkartons oder Pappkartons, Umzugskisten etc. ungefähr gleicher Größe*
	mehrere Rollen Packpapier
	dicke Filzstifte
	Klebeband
Vorbereitungen:	*benötigtes Material bereitlegen*

Hinführung

Das Wort »Kirche« hat verschiedene Bedeutungen. Hier geht es um »Kirche« als Gebäude. Spielerisch sollen Elemente der Kirchenarchitektur erfahren werden. Diese Übung eignet sich vor allem als Einstieg in die Thematik »Kirche«.

Durchführung

- Die Gruppe teilt sich in Kleingruppen mit maximal vier Kindern ein.
- Jede Gruppe erhält ausreichend Material, um mit den Kartons eine Kirche zu bauen.
- Umwickelt man die Kartons zusätzlich mit Packpapier, bekommt das Gebäude mehr Festigkeit und eine einheitliche Außengestaltung. Zudem kann es besser mit Fenstern, Türen, Dachziegeln etc. bemalt werden.
- Die einzelnen Gruppen stellen einander ihre Kirchengebäude vor. Welche Gestaltungselemente weisen alle Kirchenbauten auf? Was war den einzelnen Gruppen wichtig? Welchen Baustil haben die Gruppen bevorzugt? Sagt das Gebäude etwas über das Leben der Gemeinde aus?

3.2 Kirche mit allen Sinnen

Thema:	*Kirchenerkundung*
Alter:	*ab ca. 7 Jahre*
Personen:	*Einzel- und Gruppenarbeit*
Dauer:	*abhängig von der Gruppengröße, dem Alter der Kinder, dem Kirchenraum; es empfiehlt sich die vorgestellten Ideen in mehreren kleinen Einheiten anzubieten; es sollte ausreichend Zeit sein, die Eindrücke und Erfahrungen in sich aufzunehmen und den anderen mitzuteilen*
Material:	*Papier* *Stifte* *evtl. ein Fernglas und/oder eine Lupe*
Vorbereitungen:	*Der Gruppenleiter klärt mit dem Pfarrer oder dem Küster vorher ab, was in der Kirche beim Besuch der Kinder berührt und angeschaut werden kann. Entweder er kopiert das Erkundungsblatt für alle oder stellt sich aus den Anregungen für die Kinder ein eigenes Auftragsblatt zusammen.*

Hinführung

Sagt man Kindern, dass man mit ihnen über die Kirche sprechen möchte, ist häufig ein Stöhnen zu vernehmen. Kündigt man dann auch noch einen Kirchenbesuch an, wird das Stöhnen oft noch ein bisschen lauter. Kirche klingt für viele nach Fakten, Geschichte und totem Material. Wie lebendig die Beschäftigung mit »Kirche« als Gebäude sein kann, möchte ich hier vorstellen. Es geht nicht um eine übliche Kirchenführung, sondern darum, Kirche mit allen Sinnen zu erfahren; das kann selbst für Erwachsene noch zu einem spannenden Erlebnis werden.

Durchführung

- Die Kinder erhalten ihre Erkundungsblätter. (Je nach Gruppe bietet es sich an, nur jeweils eine Sinnen-Übung pro Kirchenbesuch anzubieten.)
- Jedes Kind für sich erfährt den Kirchenraum. (Bei zu großen Gruppen evtl. Kleingruppen bilden).
- Die Ergebnisse werden aufgeschrieben.
- Die Kinder tauschen sich über die gemachten Erfahrungen aus.

Kirche fühlen

Wie fühlen sich verschiedene Oberflächen an, die Bänke, die Türen, der Altar …?
Wir gehen vor die Kirche und fassen uns alle an den Händen. Ist unsere Menschenkette groß genug, um die Kirche zu umrunden?
Wir setzen uns in eine Kirchenbank und nehmen die Stille und die Atmosphäre in uns auf. Welche Gedanken kommen und gehen?
Wir legen uns auf den Kirchenboden. Welche Stelle wählen wir dazu aus?
Wir knien uns in eine Bank. Wie fühlt sich das nach fünf Minuten an?
Finden wir in der Kirche unseren Lieblingsplatz? Wir setzen uns dort eine Weile lang hin.
Wie fühlen sich die Orgelpfeifen an?

Kirche hören

Wie hören sich Schritte auf dem Kirchenboden an?
Höre ich die Orgel?
Kann ich die Stille »hören«?
Welche Geräusche vernehme ich?

Kirche schmecken

Wie schmeckt eine Oblate, wenn ich sie ganz langsam auf der Zunge zergehen lasse?
Welchen Geschmack spüre ich auf der Zunge, wenn ich meinen Mund ein paarmal auf und zu mache?

Kirche riechen

Wie riecht Weihrauch?
Wir riechen am Wachs der Altarkerzen. Welchen Duft verbreiten die angezündeten Kerzen? Wie riecht es, wenn sie ausgepustet werden?
Wie riecht das Gebäude beim Reinkommen?
Wie riechen die Steine, aus denen die Kirche gebaut ist?
Wie riechen die Vorhänge vom Beichtstuhl?
Stehen Blumen in der Kirche? Wie duften sie?

Kirche sehen

Welche Farben herrschen im Kircheninnenraum vor?
Welche Farben haben die Altar- und Ambobehänge?
Gibt es besonders schöne Kirchenfenster?
Entdecke ich etwas, das ich nicht in der Kirche vermutet habe?
Wie sind die Lichtverhältnisse im Kirchenraum?
Wie groß ist die Kirche?
Wir gehen in die Hocke. Was könne wir jetzt noch gut sehen, was bleibt uns verborgen?
Wie sieht die Kirche aus, wenn wir auf der Empore stehen?
Wie verändert sich unser Bild von Kirche, wenn wir so wie der Pfarrer am Altar stehen?
Was sehen wir von der Kanzel aus?
Wir nehmen ein Fernglas oder eine Lupe mit. Was gibt es zu entdecken?

3.3 Kirchenfenster

 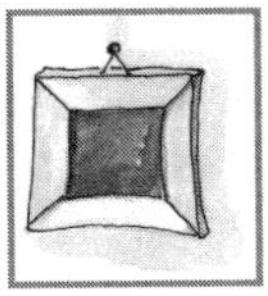

Thema:	*Kirchengebäude*
	Kirchenfenster
Alter:	*ab ca. 6 Jahre*
Personen:	*Einzel- und Gruppenarbeit*
Dauer:	*ca. 40 Minuten*
Material:	*Kopiervorlage*
	Buntstifte oder Filzstifte
	Schere
	Klebstoff
	einen sehr großen Plakatkarton
	(Größe richtet sich nach der Anzahl der Kinder)
Vorbereitungen:	*Kopiervorlage in der Anzahl der Kinder kopieren*
	je nach der gewünschten Größe des Kirchenfensters die Vorlage vergrößern
	benötigtes Material bereithalten

Hinführung

Die Bastelarbeit »Kirchenfenster« ist nicht nur eine Stilleübung und Gemeinschaftsarbeit, sondern kann Ausgangspunkt sein, in die nähere Betrachtung von Kirchenfenstern (z.B. der Fenster von Marc Chagall) einzusteigen, sich mit altem und neuem Kirchenbau zu befassen und über die gegenseitigen Impulse von Architektur, Kunst und Kirche nachzudenken.

Was in Einzelarbeit beginnt, kann zu einer Gestaltungsaufgabe für die gesamte Gruppe werden.

Durchführung

- Es empfiehlt sich ein meditativer Einstieg in die Bastelarbeit: Die vergrößerte Kopiervorlage wird in die Mitte des Stuhlkreises gelegt. Ausgangspunkt der Betrachtung ist die Frage: »In welcher der Flächen würdest du am liebsten sein?« Nach einer Phase der Stille markiert dann jeder mit einer anderen Farbe diesen Bereich und begründet seine Wahl.
- Eine Metaphernmeditation: »Bei diesem Bild denke ich an/es erinnert mich an …« schließt sich an.
- Dann malt jedes Kind das Muster der Kopiervorlage an und schneidet es aus.
- Auf dem großen Plakatkarton wird die Form eines Kirchenfensters aufgezeichnet.
- Die einzelnen »Glasscheiben« (Ausschnitte) werden von den Teilnehmern angemalt und in die große Form »eingepasst«.

- Soll kein Gemeinschaftswerk entstehen, kleben die Kinder ihre Glasscheibe auf ein kleines Stück Tonpapier und zeichnen die Form eines Kirchenfensters darum.

3.4 Kirchenbausteine

Thema: *(Kirchen-)Gemeinde*
Alter: *ab ca. 10 Jahre*
Personen: *Gruppenarbeit*
Dauer: *je nach Gruppenstärke variierend, ca. 45 Minuten*
Material: *Kopiervorlagen in ausreichender Menge*
festes Papier im DIN A3-Format
Schere
Stifte
Klebstoff
Lineal
Vorbereitungen: *Kopiervorlagen in ausreichender Zahl vervielfältigen*
Material bereitstellen

Hinführung

Mit Hilfe dieser Bastelarbeit können zwei Bedeutungen von Kirche veranschaulicht werden:
Zuerst erleben Kinder ihre Kirche als Gebäude, das sich durch sein Äußeres und der Einrichtung der Räume von anderen unterscheidet. Zum anderen meint Kirche auch die Gemeinde bzw. Gemeinschaft. Kirche ohne Gemeinschaft ist unvorstellbar.
Kirche soll den Kindern daher auch als Lebensraum erschlossen werden.
Durch den verschiedenartigen Umgang mit den Bausteinen – je nach Aufgabenstellung – können die Kinder mit den Einrichtungen der Kirche vertraut werden, aber auch Dienste und Aufgaben der in der Kirche arbeitenden Menschen erkunden.

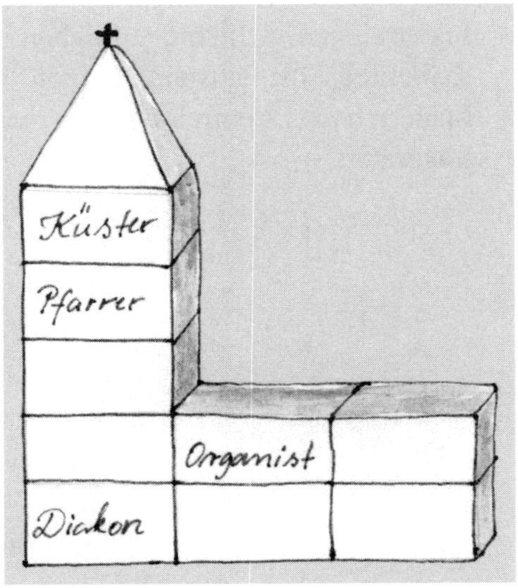

Durchführung:

- Jedes Kind bastelt sich einen Blanko-Baustein. Gemäß der Skizze wird die Vorlage auf festes Papier aufgezeichnet und entlang der Umrisse ausgeschnitten.
- Die gestrichelten Linien werden mit

Hilfe eines Lineals gefaltet. An den schraffierten Flächen wird der Baustein zusammengeklebt

- Der Auftrag für die Gruppe(n) lautet: Baut aus diesen Steinen etwas. Türme, Häuser, Kirchen entstehen.
- Über die Frage, woran ich eine Kirche erkenne, komme ich zu den Unterscheidungs- und Erkennungsmerkmalen.
- Über die äußere Betrachtung des Kirchenbaus kann ich zur Innenarchitektur kommen: Auch der Altar, das Kreuz oder z.B. die Kirchenbänke lassen sich aus diesen Bausteinen gestalten.
- Es bietet sich auch an an dieser Stelle das Lied »Gott baut ein Haus« (siehe unter 3.7) zu singen.
- Unter dem Aspekt, welche Menschen in einer Gemeinde leben und arbeiten bzw. Kirche eigentlich ausmachen, können die Bausteine beschriftet und erneut eine Kirche gebaut werden.
- Auch das Sammeln von Aussagen über die Kirche aus der Bibel, aus Zeitungen, von Meinungsumfragen etc. lässt sich auf den Bausteinen dokumentieren.
- In Verbindung mit dem Lied »In die Kirche gehen viele Leute« können die Bausteine mit Aktivitäten des kirchlichen Lebens beschriftet werden. Siehe hierzu unter 3.5.

Alternativen

Aber nicht nur bei der Thematik »Kirche« haben die Bausteine ihren Einsatzort. Es ergeben sich weitere Handlungsmöglichkeiten:

- Bausteine zu einem Kreuz legen und mit Bildern zur Passion Jesu bemalen
- Bausteine mit den Zehn Geboten beschriften, eine Rangordnung erstellen
- Bilder einer Geschichte aufkleben oder malen und entsprechend der richtigen Reihenfolge die Bausteine ordnen
- Mauern bauen – einreißen – überwinden; überlegen: Wo sind Mauern zwischen Menschen?

3.5 In die Kirche gehen viele Leute

Thema:	*Kirche* *Liturgische Elemente*
Alter:	*ab ca. 6 Jahre*
Personen:	*Gruppenarbeit*
Dauer:	*ca. 20 Minuten (ohne den Andachtsbesuch)*
Material:	*Liedblätter*
Vorbereitungen:	*Liedblätter kopieren*

Hinführung

Die Erfahrungen, die die Kinder mit Kirche haben sind recht unterschiedlich. Sie reichen von keiner Erfahrung mit Kirche über eine flüchtige Erfahrung bis hin zu intensiver Kirchenerfahrung.

Das Lied »In die Kirche gehen viele Leute« greift verschiedene liturgische Elemente wie z. B. singen und beten auf. Es kann Ausgangspunkt für nähere Erläuterungen durch den Gruppenleiter sein.

Durchführung

- Die Kinder besuchen gemeinsam mit dem Gruppenleiter eine Andacht in der Kirche.
- Anschließend erzählen sie, was sie in der Kirche erlebt haben bzw. was sie selbst getan haben. Der Gruppenleiter kann weitere Erklärungen geben.
- Sie lernen das Lied »In die Kirche gehen viele Leute« kennen und singen es gemeinsam.
- Die Kinder dichten weitere Strophen, z. B. »In der Kirche knien viele Leute«, »In der Kirche stehen viele Leute«, »In der Kirche schweigen viele Leute« usw.
- Wenn sie möchten überlegen sie sich Bewegungen zu den einzelnen Strophen und gestalten es als Bewegungsspiel.

In die Kirche gehen viele Leute

M. u. T.: Gertrud Lorenz
aus: Rolf Krenzer, 100 einfache Lieder Religion

Kösel Verlag, München

2. In der Kirche singen viele Leute
und auch ich
und auch ich.

3. In der Kirche hören viele Leute
und auch ich
und auch ich.

4. In der Kirche beten viele Leute
und auch ich
und auch ich.
5. In der Kirche danken viele Leute
und auch ich
und auch ich.

6. In der Kirche bitten viele Leute
und auch ich
und auch ich.

7. In der Kirche essen viele Leute
und auch ich
und auch ich.

8. In die Kirche gehen viele Leute
und auch ich
und auch ich.

Vorschlag für ein Bewegungsspiel

Ausgangsstellung:
Die Kinder stehen im Kreis und haben sich an den Händen gefasst.

Strophen:

1. Die Kinder gehen im Kreis herum.
2. Sie halten die Hände wie eine Sprechmuschel vor den Mund und singen kräftig mit.
3. Sie halten eine Hand hinter ein Ohr.
4. Sie falten die Hände.
5. Die Kinder legen beide Handflächen aneinander und verbeugen sich leicht.
6. Sie falten die Hände und führen sie über den Kopf nach oben.
7. Sie führen ihre Hand zum Mund.

Refrain:
Die Kinder zeigen mit dem Zeigefinger auf sich.

3.6 Über Kirche reden

Thema:	*Kirchengebäude* *Kirche* *Bibel* *Pfarrer* *Kirchengemeinde* *Gottesdienst*
Alter:	*ab ca. 10 Jahre*
Personen:	*Gruppenarbeit*
Dauer:	*ca. 40 Minuten*
Material:	*Farbwürfel* *Farbkarten*
Vorbereitungen:	*Die Karten werden auf verschieden farbige Blätter kopiert; dabei erhält jeweils ein Bereich eine Farbe vom Farbwürfel.* *Die Karten werden ausgeschnitten und zu sechs Stapeln gelegt.*

Hinführung

Bei diesem Spiel geht es nicht darum, Wissen über die Kirche abzufragen. Vielmehr sollen, Einstellungen, Meinungen und Stimmungen »rund um die Kirche« besprochen werden. Das Spiel ist Ausgangspunkt für den Austausch und Diskurs.

Durchführung

- Jedem der sechs Bereiche »Kirche allgemein«, »Pfarrer/Priester«, »Bibel«, »Personen«, »Kirchengebäude« und »Gottesdienst« wird eine Farbe vom Farbenwürfel zugeordnet.
- Ein Kind beginnt zu würfeln. Würfelt es z. B. rot, nimmt es eine Karte vom Stapel mit den roten Karten.
- Die Karte wird laut vorgelesen.
- Nach einer kurzen Bedenkzeit, beantwortet das Kind die Karte und legt sie zurück unter den Stapel.
- Das nächste Kind würfelt weiter.

Alternative

Das Kind, das eine Farbkarte gezogen hat, antwortet zuerst. Dann wird die Frage an die übrigen weitergegeben, bis jeder geantwortet hat. Die beantworteten Karten werden zur Seite gelegt. Das Spiel dauert solange, bis alle Karten beantwortet wurden.

Kirche allgemein	**Pfarrer/ Priester**	**Bibel**	**Personen**	**Kirchen-- gebäude**	**Gottesdienst**
Diese Kirche besuche ich besonders gerne …	Das wollte ich unseren Pfarrer schon immer mal fragen …	Aus der Bibel beeindruckt mich folgende Geschichte am meisten …	Wenn ich Architekt wäre, würde ich eine Kirche so bauen …	Das würde ich an unserem Kirchenraum umge- stalten …	Das ist ein Gottesdienst wie er mir gefällt …
Am besten gefällt mir in einer Kirche …	Ein Pfarrer muss heutzutage ein »Allrounder« sein!	Die Bibel finde ich …	Damals als ich Konfirmand/ Katechumen war …	Dort sitze ich in der Kirche am liebsten …	Die Lieder im Gottesdienst sind …
Das gefällt mir nicht an Kirche …	An unserem Pfarrer gefällt mir …	Die Bibel ist das Buch der Bücher!	Aus unserer Gemeinde würde ich gerne mit folgender Person einen Nachmittag verbringen …	Was aus unserer Kirche hätte ich gerne zu Hause in meiner Wohnung?	Zum Thema Abendmahl fällt mir ein …
Kirche am Sonntag- morgen …	Wenn ich von Beruf Pfarrer wäre, dann …	Obwohl die Bibel das älteste Buch ist, ist sie so aktuell wie eh und je.	Wenn ich für einen Tag der Papst wäre …	Welche Farbe in unserem Gottesdienst- raum gefällt mir besonders?	Orgelmusik finde ich …
Ich war schon mal in einem Kloster …	Was denke ich über das Zölibat?	Das möchte ich noch über die Bibel wissen …	Wenn ich im Presbyterium/ Kirchenvorst- and der Gemeinde wäre …	Wenn ich meine Kirche einem Besucher zeigen solltest, würde ich auf jeden Fall mit ihm dies anschauen und ihm erklären …	So empfinde ich die Atmosphäre in einem Gottesdienst- besuch …

Kirche allgemein	**Pfarrer/ Priester**	**Bibel**	**Personen**	**Kirchen--gebäude**	**Gottesdienst**
Für unsere Kirche wünsche ich mir …	Zum Beruf des Pfarrers in heutiger Zeit möchte ich sagen …	Die Losung zum Jahr der Bibel 2003 steht in 1 Samuel 16,7: »Der Mensch sieht auf das Äußere; Gott aber sieht auf das Herz.« Dazu sage ich …	Wenn ich heute ein Gebet sprechen sollte für alle Menschen auf dieser Welt / für unsere Gruppe, würde es lauten …	Male ein Bild von eurem Taufbecken und zeige es den anderen!	Das möchte ich einmal in einem Gottesdienst erleben …
Das möchte ich einmal in einer Kirche erleben …			Vom Beruf des Küsters/der Küsterin weiß ich …	Weißt du, wann eure Kirche gebaut wurde und von wem?	Als Kind musste ich jeden Sonntag in den Gottes-dienst …
Ich denke oft darüber nach, warum die Kirche …			Wie heißen die Personen, die im Gemeinde-büro eurer Gemeinde arbeiten? Warst du sie schon mal besuchen?		Wenigstens einmal im Jahr an Weihnachten wird in die Kirche gegangen …
Zum Thema Kirchensteuer sage ich …					Das wäre ein Gottesdienst nach meinem Geschmack …

Kirche allgemein	Pfarrer/ Priester	Bibel	Personen	Kirchen--gebäude	Gottesdienst
Zum Thema Kirchen-austritt fällt mir ein …					Der Gottesdienst läuft nach einer bestimmten Gottesdienst-ordnung ab. Folgende Elemente sind mir dabei aufgefallen …

3.7 Gott baut ein Haus

Thema:	*Kirche* *Gemeinde* *Gemeinschaft*
Alter:	*ab ca. 9 Jahre*
Personen:	*Gruppenarbeit*
Dauer:	*ca. 45 Minuten*
Material:	*pro Teilnehmer ein Liedblatt* *mehrere Papiere im DIN A4-Format (je nach Gruppenstärke)* *Bleistifte* *Scheren* *Klebstoff* *Rolle Packpapier (als Plakat, Grundlage)*
Vorbereitungen:	*benötigtes Material bereitlegen* *evtl. Mauersteine aus Papier vorbereiten*

Hinführung

Beim folgenden Lied geht es darum, dass eine Kirche nicht nur aus toten Steinen besteht. Kirche wird lebendig, durch die Menschen, die in ihr leben und diese Kirche mitgestalten. Kirche ist lebendige Gemeinschaft aller, die an Gott glauben.

Durchführung

- Die Teilnehmer schneiden aus Papier einen beliebig großen Mauerstein aus und schreiben ihren Namen hinein.
- Was könnte man aus diesen Steinen bauen? Sie legen ihre Steine entsprechend der gemachten Vorschläge ab.
- Jeder erhält ein Liedblatt.
- Die Teilnehmer lesen den Text. Was ist das für ein Haus, das Gott da baut?
- Welche Steine werden noch zum Hausbau verwendet? Die Teilnehmer malen weitere Steine auf Papier und beschriften sie mit weiteren Namen, Ländernamen, mit Dingen, die der einzelne gut kann usw. Hilfestellung bietet hierzu der Liedtext.
- Aus allen Steinen bauen die Teilnehmer ein Haus. Es ist ein besonderes Haus, eine Kirche.
- Sie singen gemeinsam das Lied und hängen das Plakat vom Haus im Gruppenraum auf.

Gott baut ein Haus

T. u. Melodie: Waltraud Osterlad
Bearbeitung u. ©: Elisabeth Unkel, München

2. Gott baut ein Haus, das lebt;
wir selber sind die Steine,
sind große und auch kleine,
du, ich und jeder Christ.

3. Gott baut ein Haus, das lebt,
aus ganz, ganz vielen Leuten,
die in verschiedenen Zeiten
hörten von Jesus Christ.

4. Gott baut ein Haus, das lebt;
er sucht in allen Ländern,
die Menschen zu verändern,
wie's dafür passend ist.

5. Gott baut ein Haus, das lebt,
er selbst weist dir die Stelle,
in Ecke, Mauer, Schwelle,
da, wo du nötig bist.

6. Gott baut ein Haus, das lebt;
er gibt dir auch das Können,
lässt dir den Auftrag nennen,
damit du nützlich bist.

7. Gott baut ein Haus, das lebt,
wir kennen seinen Namen
und wissen auch zusammen,
dass es die Kirche ist.

3.8 Gebetsrollen

Thema:	*Beten*
	freiformulierte Gebete
Alter:	*ab ca. 8 Jahre*
Personen:	*Gruppenarbeit*
Dauer:	*je nach Gruppenstärke variierend*
Material:	*Kopiervorlagen in ausreichender Menge*
	Schere
	Stifte
	Büroklammern
	eine Schachtel
Vorbereitungen:	*Der Gruppenleiter schneidet entsprechend der Kopiervorlage lange Papierstreifen – »die Gebetsröllchen« – aus.*
	Jeder Papierstreifen wird zusammen gerollt und mit einer Büroklammer fest gesteckt.
	Die Röllchen werden in eine kleine Schachtel gelegt.

Hinführung

Durch die vorgestellte Methode entsteht ein frei formuliertes Gebet, das sich an der Gruppensituation orientiert und damit wesentlich persönlicher ist als ein vorgefertigtes Gebet, das auswendig gesprochen wird. Wenn die Gebetsrollen wieder aufgerollt werden, sind sie immer wieder zu verwenden; situativ entstehen neue Gebete.

Durchführung

- Zu Beginn oder zum Ende der Gruppenstunde zieht jedes Kind aus dem vorbereiteten Schächtelchen ein Lese- bzw. Gebetsröllchen.
- Das erste Kind beginnt damit, seinen Satzanfang vorzulesen und ergänzt den Satz laut.
- Dann darf der Nächste sein Röllchen vorlesen.

Alternative

Hat derjenige, der das Röllchen vorgelesen hat, den Satz vervollständigt, können die übrigen Kinder ebenfalls den gleichen Anfangssatz zu Ende führen, bevor der nächste Zettel vorgelesen wird.

Ich danke für …
Ich wünsche …
Ich freue mich …
Mich macht nachdenklich …
Manchmal bin ich traurig, wenn …
Ich hoffe, dass …
Ich denke darüber nach …
Mich ärgert …
Ich bete …

3.9 Lutherrose

Thema:	*Luther/Lutherrose*
	Reformation
Alter:	*ab ca. 11 Jahre*
Personen:	*Einzel- und Gruppenarbeit*
Dauer:	*ca. 30 Minuten*
Material:	*Kopiervorlagen in ausreichender Menge*
	Bunt- oder Filzstifte
Vorbereitungen:	*benötigtes Material bereitlegen*

Hinführung

Luther hat seine Popularität nicht erst seit dem Kinofilm über ihn erlangt. Die Tatsache, dass er in einer mehrwöchigen Fernsehshow zur Wahl des berühmtesten Deutschen letztendlich auf Platz zwei gelandet ist, macht deutlich, wie wichtig Luther und seine Bibelübersetzungen für uns sind.

Luther wurde am 10.11.1483 in Eisleben geboren. Er studiert Theologie und ist seit 1514 Theologieprofessor an der Universität Wittenberg, zugleich aber auch Prediger in der Stadtkirche Wittenbergs. Luther erkennt mehr und mehr Missstände in der Kirche und in der Welt. In seinen Predigten spricht er sich immer wieder gegen den Ablass aus. Luther glaubt daran, dass sich jeder Zeit seines Lebens in Demut der Gnade Gottes anvertrauen kann und sich nicht sein Seelenheil *erkaufen* kann. Am 31. Oktober 1517 soll er seine 95 Thesen an die Schloßkirche in Wittenberg genagelt haben. Damit löst Luther heftige Reaktionen aus. Auf dem Reichstag zu Worms weigert sich Luther am 18.4.1521 seine Lehre zu widerrufen. Auf Weisung seines Kurfürsten muss er sich auf der Wartburg verstecken. Die Reformation ist jedoch nicht mehr aufzuhalten. Luther kann 1522 nach Wittenberg zurückkehren und seine Ideen praktisch umsetzen. 1525 heiratet er Katharina von Bora. 1534 wird Luthers deutsche Bibelübersetzung herausgegeben. Am 18.2.1546 stirbt Luther in Eisleben.

Im Folgenden sollen sich die Kinder näher mit der Lutherrose befassen.

Kurprinz Johann Friedrich von Sachsen schenkte Luther während seines Aufenthaltes auf der Veste Coburg ein goldenes Petschaft (Siegel) mit der Lutherrose. Luther hatte dieses Zeichen aus seinem Familienwappen entwickelt und zu einem Merkzeichen seiner Theologie gemacht.

Das Petschaft war in Nürnberg angefertigt worden. Deshalb erkundigte sich der Stadtschreiber Lazar Spengler bei Luther, ob die Arbeit gut ausgefallen sei.

Luther schrieb Spengler daraufhin am 08.06.1530 einen Antwortbrief, in dem er die Lutherrose mit folgenden Worten deutete: »Das erste soll ein Kreuz sein: schwarz im Herzen, das seine natürliche Farbe hätte damit ich mir selbst Erinnerung gäbe, dass der Glauben an den Gekreuzigten uns selig machet. Denn der gerechte wird seines Glaubens leben den Glauben des Gekreuzigten. Solch ein Herz aber soll mitten in einer weißen Rose stehen, anzuzeigen, dass der Glaube Freude, Trost und Friede gibt, darum soll die Rose weiß und nicht rot sein; denn weiße Frabe ist der Geister und aller Engel Farbe. Solche Rose stehet im himmelfarbenen Felde, dass solche Freude im Geist und Glauben ein Anfang ist der himmlischen Freude zukünftig. Und in solch einen güldenen Ring, dass solch Seligkeit im Himmel ewig währet und kein Ende hat und auch köstlich über alle Freude und Güter, wie das Gold das höchste, edelste und köstlichste Erz ist.«

Zum ersten Mal tauchte die Lutherrose vermutlich 1570 auf einem Brief an Christoph Scheurl in Nürnberg auf. Luther setzte das Siegel aber nicht nur unter seine Briefe, sondern auch unter seine anderen Schriften. Die Lutherrose wurde zum Zeichen lutherischen Christentums. Noch heute schmückt sie z. B. in Stein gehauen das Katharinenportal des Lutherhauses in Wittenberg.

Durchführung

- Die Kinder betrachten die Schwarz-Weiß-Zeichnung der Lutherrose.
- Welche Elemente sind gut erkennbar, z. B. Herz, Kreuz?
- Die Kinder stellen Überlegungen an, welche Farben für die Rose verwendet wurden.
- Sie hören von der Bedeutung der Farben und malen ihre Lutherrose entsprechend an.

rotes Herz	Das Herz symbolisiert die Gedanken und Gefühle Luthers.
schwarzes Kreuz	Das Kreuz ist Symbol für den Tod Jesu. Jesus ist für uns gestorben.
weiße Rose	Die weiße Farbe steht für die Engel, die Luther auf seinem Weg behütet haben.
goldener Ring	Gold steht für Gott. Ein Ring ist ohne Anfang und Ende. Gottes Liebe zu den Menschen ist ebenfalls ohne Anfang und Ende.
blauer Zwischenraum zwischen Rose und Ring	Blau symbolisiert den Himmel. Gott ist uns überall nahe. Nach meinem Tod kann ich bei Gott im Himmel sein.

Alternative

Die Kinder gestalten die Lutherrose zunächst frei und vergleichen ihre Farbwahl mit der ursprünglichen.

3.10 Roter Faden

Thema:	*die fünf Säulen des Islam*
Alter:	*ab ca. 11 Jahre*
Personen:	*Einzel- und Gruppenarbeit*
Dauer:	*ca. 30 Minuten*
Material:	*Textkarten* *roter Wollfaden* *Schere*
Vorbereitungen:	*Textkarten auf festes Papier oder Karton kopieren*

Hinführung

Die gesamte islamische Religion stützt sich auf die »fünf Säulen«; sie ziehen sich wie ein roter Faden durch das Leben gläubiger Muslime.

Die erste und wichtigste Säule ist das Glaubensbekenntnis: »Es ist kein wahrer Gott außer Gott (Allah), und Muhammad ist der Gesandte (Prophet) Gottes.«

Die zweite Säule ist das Gebet. Fünfmal am Tag, in der Morgendämmerung, am Mittag, am Nachmittag, bei Sonnenuntergang und in der Nacht, verrichten Muslime ihre Gebete.

Die dritte Säule ist »Zakat geben« (Unterstützung bzw. Almosen für Bedürftige). Zakat geben heißt, dass jeder von seinem Besitz einen bestimmten Anteil an bedürftige Menschen spenden soll.

Die vierte Säule ist das Fasten im Monat Ramadan. Die Muslime halten sich in diesem Monat tagsüber vom Essen, Trinken und Geschlechtsverkehr fern. Das Fasten dient nicht nur der Gesundheit, sondern vor allem der geistigen Selbstreinigung.

Die fünfte Säule ist die Pilgerfahrt nach Mekka. Alle Muslime, denen es körperlich und finanziell möglich ist, sollen einmal in seinem Leben eine Fahrt nach Mekka gemacht haben.

Durchführung

- Die Textkarten werden zunächst als Puzzle so zusammen gelegt, dass jeweils die Karten übereinander liegen, die zu einer Säule gehören.
- Danach wird ein roter Faden durch die Löcher der Karten gefädelt, wobei der Faden immer auf der Rückseite der Karte entlang geführt wird.

1. Säule	**Glaubensbekenntnis**	Die Muslime bekennen ihren Glauben mit dem *schahada,* dem Glaubensbekenntnis. Dieses beten sie mehrmals täglich.
2. Säule	**Tägliches Gebet**	Fünfmal täglich sollen sich gläubige Muslime zum Beten nach Mekka wenden
3. Säule	**Almosen geben**	Alle Muslime sollen einen Teil ihres Geldes oder Besitzes an Arme abgeben.
4. Säule	**Fasten im Monat Ramadan**	Der Ramadan ist der 9. Monat im islamischen Kalender. In dieser Zeit sollen Muslime tagsüber fasten – vorausgesetzt, sie sind gesund. Am Ende der Fastenzeit feiern sie dann das Zuckerfest. Dabei werden viele Süßigkeiten gegessen.
5. Säule	**Wallfahrt nach Mekka**	Einmal in ihrem Leben sollen alle Muslime eine Fahrt nach Mekka machen. Ziel ist die Kaaba, ein alter Altar, in Mekka. Mekka liegt in Saudi-Arabien. Jedes Jahr pilgern Millionen von Muslimen nach Mekka.

4. Die Feste feiern wie sie fallen

Feste und Feiern

4.1 Advents-Buchstabenkette

Thema:	*Advent* *Zeit der Vorbereitung und Erwartung*
Alter:	*ab ca. 8 Jahre*
Personen:	*Gruppenarbeit*
Dauer:	*ca. 45 Minuten*
Material:	*mehrere Bögen Tonpapier* *Schere* *12 Büroklammern* *Tesafilm* *Klebstoff* *Stifte* *Dicke Paketschnur*
Vorbereitungen:	*Je nach Durchführungsart sind die Buchstaben schon vorbereitet oder werden erst mit der Gruppe gemeinsam gebastelt.*

Hinführung

Die Herstellung von Buchstabenketten eignet sich vor allem dann, wenn Kernbegriffe aus einer Geschichte oder Themenstellungen herausgelöst und näher betrachtet werden sollen. Sie eignen sich zur Zusammensetzung kleinerer Schriftzüge in Form eines Merksatzes oder um den Namen einer Person hervorzuheben.

Methodisch besonders effektvoll, spannend und interessant ist es, wenn anhand der Einzelbuchstaben eines Wortes Erfahrungen mit dem Wort ohne überlieferten Kontext zum Ausdruck kommen. Das gesamte Wort, z. B. Advent, sichtbar aufgehängt an einer gespannten Schnur, gibt den Anstoß zum Gespräch.

Diese Arbeitsform eignet sich auch zur Gestaltung von Gottesdiensten. Die Buchstabenkette ist eine Erschließungshilfe, Bedeutungshintergründe zu erhellen. Erfahrungen werden durch Assoziationen (Transfer) angesprochen, alternatives Denken und kritische Positionen können gefördert werden.

Durchführung

- Die benötigten Buchstaben werden mindestens im Format 20 × 30 cm auf das Tonpapier aufgemalt und ausgeschnitten.
- Auf die Rückseite der Buchstaben klebt man mit Tesafilm im oberen Drittel die leicht aufgebogenen Büroklammern mit Tesafilm fest, mit denen man später die Buchstaben in der richtigen Reihenfolge auf die gespannte Schnur hängt.
- Je ein Einzelbuchstabe wird in eine Gruppe gegeben, der dann in der Gruppe Assoziationen und Bilder wachruft.
- Ausgehend von den Einzelbuchstaben versuchen die Gruppenmitglieder etwas über die Bedeutung und den Inhalt des gesamten Wortes zu sagen, Vorerfahrungen, Assoziationen und Erlebnisse in einer Art Brainstorming zu sammeln.

- Am Beispiel »Advent« soll dies deutlich werden:

A: Der Buchstabe »A« im Wort Advent steht für Ankunft. Wir erwarten die Ankunft des Herrn.

D: Der Buchstabe »D« im Wort Advent steht für Dunkelheit. In der Adventszeit wird es früh dunkel. Wir zünden Kerzen an und erwarten das Licht der Welt.

V: Der Buchstabe »V« im Wort Advent steht für Vorbereitung. Wir bereiten uns auf das Weihnachtsfest vor.

E: Der Buchstabe »E« im Wort Advent steht für Erwartung. Wir erwarten die Geburt Jesu.

N: Der Buchstabe »N« im Wort Advent steht für Nachfolge. Wir bemühen uns, Jesus und seinem Wort nachzufolgen.

T: Der Buchstabe »T« im Wort Advent steht für Tanne. Wir binden den Adventskranz aus Tanne, stellen Tannensträuße in die Vase und schmücken damit festlich unser Haus.

- Die einzelnen Gruppen lesen dann nacheinander ihre Texte vor und hängen den entsprechenden Buchstaben auf die Leine. Das zu betrachtende Wort wird so durch eine intensive Auseinandersetzung gefüllt.

Hinweis

Die hier vorgestellte Buchstabenkette eignet sich auch zur Gestaltung einer Gottesdienstfeier.

Alternative

Die Aufgabe kann auch so gestellt sein, dass in den betreffenden Buchstaben Dinge gemalt werden sollen, die mit diesem Buchstaben beginnen und in Zusammenhang mit dem Gesamtwort stehen. Beim Beispiel »Advent« könnten die Kinder dann ins »A« Äpfel, einen Adventskranz, einen Adventskalender usw. malen.

4.2 Blüten

Thema:	*Barbaratag*
Alter:	*ab ca.7 Jahre (Geschichte)*
	ab ca. 14 Jahre (Durchführung)
Personen:	*Einzel- und Gruppenarbeit*
Dauer:	*ca. 45 Minuten*
Vorlesedauer:	*ca. 3 Minuten*
Material:	*einen großen verzweigten Ast mit vielen kleinen Ästchen*
	pro Kind eine Blüte (siehe Kopiervorlage)
	Stifte
	Scheren
Vorbereitungen:	*Kopiervorlagen für jedes Kind vorbereiten*
	Materialien bereitlegen

Hinführung

Der 4. Dezember ist der Tag der heiligen Barbara. Um ihn rankt sich verschiedenes Brauchtum. Der wohl bekanntestes Brauch ist der, an diesem Tag Apfel-, Kirsch- Pflaumen-, Holunder- oder Forsythienzweige ins Haus zu holen. Diese Zweige stellt man in eine Vase mit lauwarmen Wasser. Bis zum Weihnachtstag sollen sie – bedingt durch die Wärme – knospen und zu blühen beginnen. Dies wird als gutes Zeichen für die Zukunft gewertet. Eine andere Auslegung besagt, wenn die Barbarazweige am Heiligen Abend blühen, werde es in der Familie im nächsten Jahr eine Hochzeit geben.

Das Brauchtum um die blühenden Barbarazweige ist eng verknüpft mit der Lebensgeschichte der heiligen Barbara. Sie lebte im 3. Jahrhundert n. Chr. in Kleinasien, der heutigen Stadt Izmir in der Türkei. Faktisch wissen wir nicht viel über ihr Leben, das meiste ist Legende. Zu den historisch erwiesenen Tatsachen aber zählt, dass in jener Zeit unter Kaiser Decius (249–251) die Christen in Kleinasien grausam verfolgt wurden.

Trotzdem wurde Barbara Christin und ließ sich taufen. Als ihr Vater Dioskuros das erfuhr, soll er derart darüber in Wut geraten sein, dass er seine eigene Tochter anzeigte. So wurde Barbara gefangen genommen und vor Gericht gestellt. Die Legende erzählt, auf dem Weg ins Gefängnis habe sich ein Kirschzweig in Barbaras Kleid verfangen. Diesen Zweig habe sie in ein kleines Trinkgefäß in ihre Zelle gestellt und am Tage ihres Todes habe er ihr zum Trost geblüht. Bis heute sind die blühenden Barbarazweige mitten im Winter ein Zeichen dafür, dass es trotz aller Bedrohungen immer auch einen Hoffnungsschimmer im Leben gibt. Sie sind für Christen ein Bild des Frühlings und ein Zeichen für das neue Leben, das Christus bringt. Seinen Ursprung findet dieser Brauch aber bereits in der heidnischen Sonnwendfeier und den Fruchtbarkeitsriten. Warum diese heidnischen Riten mit der heiligen Barbara in Verbindung gebracht wurden, ist nicht bekannt.

Nach der Legende soll Barbaras Vater selbst den Todesschlag mit dem Schwert ausgeführt haben. Unmittelbar danach sei er auf dem Gerichtsplatz durch einen Blitzschlag zu Tode gekommen, so berichtet die Legende weiter. Aus diesem Grund gilt Barbara auch als Beschützerin vor Blitz und Unwetter.

Seit dem 15. Jahrhundert zählt Barbara zu den 14 Nothelfern der katholischen Kirche. Sie ist außerdem die Schutzpatronin der Artilleristen, Bergleute, Gefangenen, Architekten, Glöckner und Bauern. Die Bergleute lassen in Erinnerung an die heilige Barbara am 4. Dezember für sie ein Licht im Stollen brennen. Viele Kirchenglocken tragen ihren Namen.

Barbara wird meistens mit einem dreifenstrigem Turm (als Symbol der Dreifaltigkeit), mit einem Schwert oder einer Fackel dargestellt.

In einigen Gegenden stellen die Kinder ähnlich wie am Nikolaustag auch am Abend vorm Barbaratag ihre Schuhe vor die Tür, um am nächsten Morgen darin Süßigkeiten zu finden. Wer sich allerdings nicht gut benommen hat, dem werde eine Zwiebel in den Schuh gelegt, heißt es. Und nicht geputzte Schuhe bleiben natürlich leer.

Durchführung

- Die Kinder hören die Legende von der heiligen Barbara.
- Sie hören, dass die Barbarazweige als Hoffnungsträger gelten. Ein kahler Zweig fängt mitten im tiefsten Winter an zu blühen.
- Die Kinder überlegen, was sie sich für das neue Jahr wünschen. Was erscheint zur Zeit trostlos und soll zum »Blühen« gebracht werden, was braucht eine positive Veränderung?
- Sie schneiden die Blüte aus und schreiben in die Mitte der Blüte all diese Dinge.
- Die beschrifteten Blüten werden an den Ast gesteckt, der so zu einem Hoffnungsbaum fürs nächste Jahr wird.

Alternative

Anstelle die beschrifteten Blüten an den Ast zu stecken, werden die Blütenblätter an den gestrichelten Linien nach innen gefaltet. Die Blüten werden in eine mit Wasser gefüllte Schüssel gesetzt. Das Lied »Knospen springen auf« wird so lange gesungen, bis sich die Blüten auf dem Wasser öffnen.

Geschichte »Die Legende von der heiligen Barbara« (Erzählvorschlag)

Am vierten Dezember feiern wir den Barbaratag. Wir stellen Zweige vom Apfel-, Kirsch-, Pflaumen- oder Holunderbaum oder Forsythienzweige in eine Vase mit lauwarmem Wasser. Am Heiligen Abend sollen diese Zweige dann in der Wohnung blühen, während draußen alles kahl und trostlos aussieht. Ich will euch heute erzählen, warum wir dies tun und warum diese Zweige auch Barbarazweige genannt werden.

Barbara lebte im 3. Jahrhundert in der heutigen Türkei. Ihr Vater, ein reicher Kaufmann, liebte sie über alles. Er war aber auch sehr eifersüchtig und passte mit Argusaugen auf seine Tochter auf. Immer wenn er verreisen musste, sperrte er seine Tochter in einen Turm mit zwei Fenstern ein. Als der Vater jedoch eines Tages wieder einmal von einer seiner Reisen zurückkam, sah er, dass Barbara noch ein drittes Fenster in den Turm hatte schlagen lassen. Auf seine Frage hin, erklärte sie ihm, dies sei das Zeichen für die Dreieinigkeit, an die sie glaube: Gott Vater, Sohn und Heiliger Geist. Und an der Tür hatte Barbara ein Kreuz anbringen lassen. Und so erfuhr der Vater, dass seine Tochter Barbara sich in seiner Abwesenheit hatte taufen lassen und Christin geworden war. Als der Vater das hörte, tobte er vor Wut. Er hatte nämlich schon einen jungen und reichen Mann für seine Tochter ausgesucht. Doch dieser würde niemals eine Christin heiraten. Um Barbara zur Besinnung zu bringen, sperrte er sie noch mal in den Turm ein. Aber Barbara hielt am christlichen Glauben fest. So zeigte der Vater schließlich seine eigene Tochter an. Barbara wurde gefangen genommen, vor Gericht gestellt und zum Tode durch einen Schwertschlag verurteilt. Auf dem Weg ins Gefängnis hatte sich ein Kirschzweig in Barbaras Kleid verfangen. Diesen stellte sie in einen kleinen Becher in ihre Zelle. Er soll am Tage ihres Todes geblüht haben. Im Blühen dieses Zweiges hat Barbara Trost gefunden und Hoffnung gesehen.

Barbara starb für ihren Glauben.

Knospen springen auf

T.: Rolf Krenzer M.: Detlev Jöcker

aus: Das Liederbuch zum Umhängen 1

4.3 Ich heiße Barbara

Thema:	*Barbaratag* *Woher habe ich meinen Namen?*
Alter:	*ab ca. 8 Jahre*
Personen:	*Einzel- und Gruppenarbeit*
Dauer:	*ca. 30 Minuten*
Vorlesedauer:	*ca. 5 Minuten*
Material:	*Vornamenbuch, in dem die Bedeutungen der Namen erklärt werden*
Vorbereitungen:	*keine*

Hinführung

Siehe hierzu unter 4.2.

Durchführung

- Der Gruppenleiter liest die Geschichte »Ich heiße Barbara« vor.
- Wer die Bedeutung seines Namens kennt, berichtet dies der Gruppe.
- Die anderen schlagen die Bedeutung ihres Namens im Vornamenbuch nach.
- Gemeinsam wird überlegt, ob der Name von der Bedeutung her zu dem jeweiligen Kind passt.
- Evtl. wird auch noch die Legende von der heiligen Barbara vorgelesen (Erzählvorschlag hierzu siehe unter 4.2).

Geschichte »Ich heiße Barbara«

Barbara kommt aufgeregt nach Hause. Barbara kommt häufig aufgeregt nach Hause. Dann hat sie in der Schule wieder etwas Neues gehört oder gelernt, das sie der Mutter unbedingt sofort erzählen muss. Barbara erzählt meist ohne Punkt und ohne Komma und holt dabei nicht mal Luft. Auch diesmal muss es in der Schule etwas Aufregendes gegeben haben.

Die Mutter muss sie gar nicht erst auffordern zu erzählen, da sprudelt es schon aus ihr heraus: »Mama, wir hatten heute Religion. Und unsere Lehrerin hatte ein Bild von ihrem vier Monate alten Baby dabei, einem Jungen. Und sie hat uns von seiner Taufe erzählt.«

»Und wie heißt der junge Mann?«

Eigentlich erlaubte Barbara sonst keine Zwischenfragen. Aber diesmal machte sie großzügig eine Ausnahme. »Darum geht es ja gerade. Um Namen und warum man seinen Namen bekommen hat. Der Sohn von Frau Schneider heißt Lukas. Das ist einer der vier Evangelisten.

Und ihr Mann heißt Markus. Das ist auch ein Evangelist. Deshalb haben sie den Namen ausgewählt. Und dann hat sie uns gefragt, ob wir wüssten, warum unsere Eltern gerade unseren Namen für uns ausgewählt hätten.«

»Na ja, uns hat dein Name halt schon immer gut gefallen.«

Barbara geht gar nicht auf Mutters Erwiderung ein. »Frau Schneider hatte auch ein Vornamenbuch dabei, und da haben wir dann die Bedeutungen der einzelnen Namen nachgeschlagen.«

»So, so, und was bedeutet nun Barbara?«

Mensch, dass Mama das nicht weiß, obwohl sie doch mit Papa meinen Namen ausgesucht hat, ärgerte sich Barbara, und gleichzeitig nahm sie sich vor, später einmal für ihre Kinder »bedeutungsvolle« Namen auszuwählen und nicht solche, die einfach nur schön klingen.

»Mein Name geht zurück auf die heilige Barbara, die Schutzpatronin der Bergleute. Sie hat im 3. Jahrhundert gelebt. Und ihr Vater hat sie immer in einen Turm gesperrt, wenn er verreiste. Doch einmal, als er zurückkam, hat er erfahren, dass Barbara in der Zwischenzeit Christin geworden ist und getauft wurde. Das hat ihn so wütend gemacht, dass er seine eigene Tochter vor Gericht angezeigt hat. Doch Barbara hat sich nicht von ihrem christlichen Glauben abbringen lassen; sie wurde durch einen Schwertschlag getötet. Ja, und dann hat Frau Schneider noch was von »Nomen est omen« gesagt, das heißt so viel wie: Der Name ist Programm. Findest du, Mama, dass das auf mich zutrifft?«

Die Mutter ist etwas überrumpelt von dieser Frage. Was sollte sie darauf antworten? Und wie meint Barbara das?

Doch Barbara wartete die Antwort gar nicht ab; sie ging in ihr Zimmer, setzte sich in ihre Lieblingskuschelecke neben den Schrank und dachte nach. Doch – der Name Barbara passte zu ihr. Barbara war standhaft; sie hat zu ihrem Glauben gestanden und Anfeindungen getrotzt. Sie selbst stand auch immer zu ihrer Meinung, und weil sie ihre Meinung auch immer gleich frei heraussagte, hatte sie auch schon viel Ärger bekommen. Doch, Barbara ist ein schöner Name, fand Barbara.

4.4 Neid im Sternenhimmel

Thema:	*Weihnachten*
	Neid
Alter:	*ab ca. 7 Jahre*
Personen:	*Einzel- und Gruppenarbeit*
Dauer:	*ca. 30 Minuten*
Vorlesedauer:	*ca. 5 Minuten*
Material:	*pro Kind einen Stern (z.B. aus Goldfolie oder gelben Tonpapier)*
	einen Stern als »Stern von Betlehem«
	einen kleinen (den jüngsten) Stern
	blaues Tuch oder Stoffrest
	eine Kerze
	Streichholz
Vorbereitungen:	*die benötigten Sterne aus Papier oder Folie ausschneiden, evtl. mit Pappe auf der Rückseite verstärken*
	benötigtes Material bereitlegen
	einen Stuhlkreis stellen

Hinführung

An Weihnachten feiern wir die Geburt Jesu Christi. Das Wort »Weihnachten« kommt von dem mittelhochdeutschen »ze den wihen nahten«, was wörtlich »zu den heiligen Nächten« heißt. Das Weihnachtsfest hat sich in mehreren Etappen entwickelt, bis hin zum heutigen umstrittenen Konsumfest. Ursprünglich wurde das Fest der Erscheinung am 6. Januar gefeiert; erst seit dem 2. Jahrhundert kam auch das Fest der Geburt Christi auf.

Die biblische Weihnachtsgeschichte ist wohl die bekannteste Geschichte überhaupt. Das Weihnachtsevangelium nach Lukas beginnt mit den Worten »Es begab sich aber, in jenen Tagen erging ein Erlass des Kaiser Augustus, den ganzen Erdkreis aufzeichnen zu lassen …« (Lukas 2,1).

Wir feiern Weihnachtsfest in Erinnerung daran, dass Gott uns seinen einzigen Sohn geschickt hat. Allerdings findet sich in der Bibel selbst kein Auftrag dazu, die Geburt Jesu zu feiern. Der Tag der Geburt Jesu ist nirgendwo belegt, nicht einmal das genaue Geburtsjahr. Sicher wissen wir nur, dass Jesus auf keinen Fall im Jahre 0 geboren ist. Historiker vermuten, dass jene Zählung, die der Stadthalter Quirinus auf Anordnung des Kaisers Augustus durchführen ließ, im Jahr 6 oder 7 n. Chr. stattfand. Jesus ist also tatsächlich einige Jahre vor »Christi Geburt« zur Welt gekommen!

Früher feierte man seine Geburt am 6. Januar, dem Dreikönigstag. In Spanien und Italien ist dieser Tag bis heute der Tag der Bescherung für die Kinder geblieben. Im Jahr 354 legte Papst Liberius die Feier des Weihnachtsfestes auf den 25. Dezember fest. In einigen Kulturen war er als Tag der Sonnenwende bereits ein wichtiger Feiertag.

Der Weihnachtsfestkreis gliedert sich in die vierwöchige Adventszeit und die Weihnachtsfesttage. In katholischen Gegenden reicht er sogar bis zum 6. Januar.

Durchführung

- Der Gruppenleiter legt das blaue Tuch mit den Sternen drauf in die Kreismitte. Auf einen Stern stellt er eine Kerze und zündet sie an.
- Die Kinder äußern frei ihre Assoziationen.
- Dann liest der Gruppenleiter den ersten Abschnitt vor.
- Die Kinder verändern den »Sternenhimmel« so, dass deutlich wird, dass die anderen Sterne neidisch sind auf den »Stern von Betlehem«.
- Der Gruppenleiter liest die Geschichte zu Ende.
- Die Kinder verändern den Sternenhimmel wieder dahingehend, dass sichtbar wird, dass alle in Frieden miteinander leben wollen.
- Als Zeichen dafür darf sich jedes Kind einen Stern mit nach Hause nehmen.
- Evtl. schließt sich ein Gespräch darüber an, warum einzelne Gruppenmitglieder schon mal auf etwas oder jemanden neidisch waren und wozu dieser Neid geführt hat.

Hinweis

Der hier gemachte Vorschlag eignet sich auch zur Gestaltung einer kleinen Gottesdienstfeier.

Geschichte »Neid im Sternenhimmel«

Alle Sterne kannten ihn, den Stern von Betlehem. Es gab eine Zeit, da hatte er mal heller als alle anderen Sterne geleuchtet. Mittlerweile war er jedoch alt geworden. Und auch sein Licht leuchtete etwas matter. Trotzdem waren die anderen Sterne neidisch auf ihn. Sie waren neidisch, weil er damals dabei war, als ER zur Welt kam. Und obwohl das schon mehr als 2000 Jahre her war, waren sie immer noch neidisch. Immerhin hatte er den Sterndeutern den Weg zum Kind gezeigt. Und immerhin stand er direkt über dem Stall von Betlehem.

Die anderen baten ihn oft, die Geschichte zu erzählen. Und der Stern von Betlehem erzählte sie gerne – nicht ohne Stolz. Und jedesmal, wenn er erzählte, bekam er ein Strahlen in sein Gesicht und die anderen wurden noch ein bisschen neidischer.

Auch heute baten sie ihn wieder: »Erzähl uns doch von damals. Wie war das, als Christus, der Retter, geboren wurde?« Und der Stern von Betlehem erzählte:

»Maria war mit dem Zimmermann Josef verlobt.

Eines Tages sprach ein Engel zu ihr: »Fürchte dich nicht. Du wirst einen Sohn bekommen. Jesus wird er heißen. Er wird ein König werden; ein noch mächtigerer König als König David es ist. Man wird das Kind ›Kind Gottes‹ nennen.«

Zur gleichen Zeit regierte in Rom Kaiser Augustus. Er befahl allen Menschen in ihren Geburtsort zu gehen, um sich dort in die Steuerlisten eintragen zu lassen. So machten sich auch Maria und Josef auf und gingen von Nazaret nach Betlehem. Da sie keine Herberge fanden, übernachteten sie in einem Stall. Dort kam Jesus zur Welt. Maria wickelte ihn in Windeln und legte ihn in eine Futterkrippe.

In der Nähe des Stalls waren Hirten auf den Feldern und hüteten ihre Schafe. Auch ihnen erschien ein Engel und er sprach: »Fürchtet euch nicht. Ich bringe euch eine große Freude. Euch wird heute der Heiland geboren; es ist Christus, euer Retter. Ihr werdet ihn daran erkennen, dass er in Windeln gewickelt ist und in einer Krippe liegt.«

Die Hirten brachen sofort auf nach Betlehem. Das, was der Engel ihnen gesagt hatte, wollten sie selbst sehen. Und sie fanden alles so vor, wie der Engel es ihnen gesagt hatte. Und als sie davon erzählten, staunten alle.

Jesus war geboren. Und nun kamen Sterndeuter aus dem Morgenland. Sie haben mich, den Stern von Betlehem, gesehen. Und sie fragten, wo sie den neugeborenen König finden könnten. Als König Herodes das hörte, erschrak er seht. Ein neuer König sollte hier in seinem Land geboren worden sein. Und Herodes bekam Angst, dass dieser neue König ihm den Thron wegnehmen könnte, wenn er erst alt genug dazu wäre. Er ließ seine Schriftgelehrten in den Büchern nachsehen, ob dort etwas von einem neuen König stünde. Und tatsächlich: Beim Propheten Micha stand, dass der König aus Betlehem kommen wird, der das Volk Israel beschützt. Da ließ Herodes die Sterndeuter noch mal zu sich kommen. Er bat sie, ihm sofort Bescheid zu sagen, wenn sie das Kind gefunden hätten, denn auch er wolle dem Kind Geschenke bringen.

So brachen die Sterndeuter wieder auf und ich leuchtete vor ihnen her. Über dem Stall stand ich still und die drei gingen hinein. Sie knieten nieder, beteten das Kind an und brachten ihm Gold, Weihrauch und Myrrhe.

Nachts träumten sie, sie hörten Gottes Stimme. Und die Stimme warnte sie davor, zu Herodes zurückzugehen. In der gleichen Nacht träumte auch Maria. Der Engel Gottes warnte sie vor Herodes: »Herodes will dein Kind töten! Flieh!« So flohen Maria und Josef nach Ägypten und die Sterndeuter gingen auf einem anderen Weg zurück in ihre Heimat.«

Der Stern von Betlehem hatte gerade geendet, da sprach so ein junger Stern aus, was alle anderen dachten: »Da wäre ich auch gerne dabei gewesen! Wieso warst gerade du dabei?« Doch der Stern von Betlehem wusste selbst nicht genau, warum gerade er den Weg zeigen durfte. Aber er spürte wieder den Neid der anderen und über die Jahre hinweg ärgerte ihn das nun allmählich. Und so platzte ihm der Kragen: »Ihr braucht überhaupt nicht neidisch zu sein, dass ich damals in der Heiligen Nacht dabei war. Ochs und Esel waren zum Beispiel auch dabei. Und die Hirten von den Feldern haben ebenfalls das Jesuskind gesehen. Habt ihr mir bei meiner Geschichte nicht gut zugehört, ihr Neider? König Herodes war auch neidisch auf den neuen König. Und wozu hat sein Neid und seine Angst geführt? Er hat die Sterndeuter belogen und sie ausnutzen wollen. Und er hat alle erstgeborenen Jungen töten lassen. Jesus ist nicht zu uns gekommen, damit wir in Neid und Streit miteinander leben. Er hat die Gottesherrschaft gepredigt und den Frieden auf Erden. Und ich frage euch, warum kann es nicht auch den Frieden hier bei uns im Sternenhimmel geben?

Die anderen Sterne blickten betroffen unter sich. Und wieder war es der junge Stern, der zuerst das Wort ergriff: »Du hast recht, Stern von Betlehem. Wir sollten mit gutem Beispiel voran gehen und uns nicht streiten oder gar neidisch aufeinander sein. Lasst uns in Frieden miteinander am Sternenhimmel leuchten.« Das klingt gut!«, sagte der Stern von Betlehem und lächelte zufrieden und in Gedanken fügte er hinzu: »Und vor allem wäre das sicher im Sinne von Jesus!«

4.5 Der Schlüssel Augustin

Thema:	*Weihnachten*
	Symbol Schlüssel
	Geschichte von der Geburt Jesu
Alter:	*ab ca.14 Jahre*
Personen:	*Einzel- und Gruppenarbeit*
Dauer:	*ca. 40 Minuten*
Vorlesedauer:	*ca. 12 Minuten*
Material:	*je nach Durchführung verschieden:*
	einen großen, alten Eisenschlüssel oder einen kleinen alten Schlüssel
	eine Krippenszenerie oder eine Futterkrippe mit Stroh
Vorbereitungen:	*Textvorlage der Geschichte bereit halten*

Hinführung

Bei der vorliegenden Geschichte handelt es sich um eine symbolische Geschichte. Sie enthält zahlreiche Bezüge zur biblischen Weihnachtsgeschichte. Die Weihnachtsgeschichte selbst ist ebenfalls eine Schlüsselgeschichte. Jesus ist der Schlüssel, mit dem wir zu Gott finden können.

Für viele Menschen ist diese Tür zu Gott aber zugesperrt. Sie nehmen Gott und Jesus in ihrem Leben überhaupt nicht wahr. Im Alltag sind die Türen für Jesus zu. So wie der Schlüssel Augustin auf einmal zum alten Eisen gehörte, so gehört auch Jesus für manche längst zum alten Eisen. So wie der Schlüssel Augustin die Tür zum Weihnachtszimmer aufschließt, so kann Jesus uns die Tür zum Vater aufschließen.

Augustin wurde irgendwann einmal im Leben der Familie Schuster zur Seite gelegt; abgelegt in einem alten Schlüsselkästchen und dann erst Jahre später wieder hervor gekramt. So ähnlich geht es uns auch manchmal mit Jesus oder Gott selbst. Wir legen sie ab wie einen Mantel und erst wenn bestimmte Ereignisse in unserem Leben geschehen, erinnern wir uns ihrer, kramen sie hervor, und sie gewinnen wieder neu an Bedeutung für uns.

Jesus kann uns den Himmel aufschließen, so wie es die Hirten in der Weihnachtsnacht erlebt haben. Jesus ist die Schlüsselfigur des christlichen Glaubens. Und so setzt die Geschichte vom Schlüssel Augustin einmal einen anderen Schwerpunkt, sich der Weihnachtsgeschichte zu nähern.

Durchführung

Variante 1

- Ein großer, alter Schlüssel wird in eine Krippe oder in einen Korb mit Stroh gelegt. Oder es wird eine komplette Krippenszene aufgebaut und in der Futterkrippe liegt ein kleinerer, alter Schlüssel. Die Teilnehmer äußern ihre Assoziationen dazu: Wieso liegt ein Schlüssel anstelle des Jesuskindes in der Krippe?
- Der Gruppenleiter liest die Geschichte vom Schlüssel Augustin vor.
- Die Gruppe erarbeitet die Bezüge der Schlüsselgeschichte zur Weihnachtsgeschichte, wie sie in der Hinführung angedeutet sind.

Variante 2

- Gestaltung eines Gottesdienstes mit der Geschichte vom Schlüssel Augustin:
- Auf dem Altar steht für alle sichtbar ein mit Stroh ausgelegter Korb, in dem ein alter Schlüssel liegt.
- Die Geschichte vom Schlüssel Augustin wird in drei Abschnitten vorgelesen, die jeweils von Liedern unterbrochen werden. Hier bieten sich aus dem Gesangbuch die folgenden Lieder an: Lied 27 »Lobt Gott ihr Christen alle gleich«, Lied 37 »Ich steh an deiner Krippen hier« und Lied 1 »Macht hoch die Tür«. Die Weihnachtsgeschichte im dritten Teil wird von einer weiteren Person, in einem Stuhl sitzend, mit der Bibel auf dem Schoß, vorgetragen.
- Die Predigt des Pfarrers greift die Bezüge der Geschichte zur Weihnachtsgeschichte und der Person Jesu als Schlüsselfigur auf.
- Am Ausgang erhält jeder Gottesdienstbesucher einen aus Papier ausgeschnittenen Schlüssel auf dem aus Lied 27 die Strophe steht:« Lobt Gott ihr Christen alle gleich, in seinem höchsten Thron, der heut schließt auf sein Himmelreich und schenkt uns seinen Sohn.«

Geschichte »Der Schlüssel Augustin«

1. Teil

Es war einmal ein alter, rostiger Schlüssel namens Augustin. Augustin wohnte zusammen mit zehn anderen Schlüsseln in einem kleinen, alten Kästchen – einem Schlüsselkästchen der Familie Schuster. Irgendwann einmal vor ungefähr drei Jahren, da hatte Vater Schuster im ganzen Haus die Schlüssel von den Türen abgezogen. Die Zwillinge Mia und Max waren mittlerweile so groß geworden, dass sie problemlos auf Zehenspitzen stehend alleine die Türklinken runterdrücken und die Türen öffnen konnten. Und Mutter Schuster hatte damals

Angst bekommen, Mia und Max könnten sich einmal aus Versehen einsperren. Deshalb hatte Herr Schuster die Schlüssel eingesammelt – so auch den Schlüssel Augustin, der bis dahin im Schloss der Wohnzimmertür gewohnt hatte. Nun wohnte er schon viele Jahre mit seinen Brüdern und Schwestern in dem kleinen Schlüsselkästchen. Und es machte Augustin schon recht traurig auf einmal nur noch zum alten Eisen zu gehören. Manchmal da kratzte er sich an seinem Bart und wünschte sich nichts mehr, als dass man seinen Bart wieder einmal in ein Schloss stecken und ihm den Hals umdrehen würde. Aber – nichts geschah.

Doch da – plötzlich wurde das Kästchen geöffnet und ein heller Lichtstrahl blendete Augustin, der diese Helligkeit gar nicht mehr gewohnt war. Gleich darauf griff auch schon die feste Hand von Vater Schuster in das Schlüsselkästchen, nahm alle Schlüssel heraus und legte sie auf den Küchentisch. Vater Schuster überlegte laut, welcher der Schlüssel wohl zur Wohnzimmertür gehörte. Augustin wurde hellhörig. Da ging es ja um ihn. Was wollte Vater Schuster nur nach all den Jahren auf einmal von ihm, einem alten, traurigen und rostigen Schlüssel? Die Antwort darauf bekam Augustin gleich mitgeliefert. Vater Schuster brummt es vor sich hin: »Erst ziehe ich alle Schlüssel ab, damit die Kinder sich nicht aus Versehen einsperren, und dann suche ich wieder den Schlüssel, um mich vor den Kindern einzusperren.« Um Gotteswillen, dachte Augustin, warum will Vater Schuster sich denn vor den Kindern einsperren, sie werden ihm doch bestimmt nichts tun. Da rief Mutter Schuster schon: »Ich bin fast fertig damit, die Weihnachtsgeschenke unter dem Baum zu verteilen. Hast du den Wohnzimmerschlüssel endlich gefunden? Ich möchte das Wohnzimmer zusperren, damit die Kinder erst heute am Heiligen Abend in das Weihnachtszimmer kommen können. Sie sind mir dieses Jahr entschieden zu neugierig.« Vater Schuster nahm der Reihe nach alle Schlüssel in die Hand und probierte sie im Schloss – keiner passte. Augustin war schon fast ein bisschen beleidigt, dass er erst als letzter dran kam. Aber als Vater Schuster in dann ins Schloss steckte, fühlte er sich sofort wieder zuhause. Er wurde einmal umgedreht und dann steckte Vater Schuster ihn in die Hosentasche. Mia und Max kamen die Treppe heruntergerannt und wollten die Wohnzimmertür öffnen; doch die war verschlossen. »Und das bleibt auch so bis zum Heiligen Abend«, erklärte Vater Schuster.

2. Teil

Bis zum Heiligen Abend sollte die Tür verschlossen bleiben. Mia und Max zogen lange Gesichter. Bis zum Abend würde es noch zwei unendlich lange Stunden dauern. Ob sie den Schlüssel zum Weihnachtszimmer wohl finden würden, um mal einen Blick zu riskieren? Am liebsten hätte Augustin gerufen, dass man ihn doch rausholen und die Tür mit ihm aufsperren solle, weil es doch so gut tut, gebraucht zu werden. Aber Mia und Max würden ihn nicht verstehen. Augustin verstand ja im Moment selbst nicht alles. Erst liege ich jahrelang in einem alten Kästchen und dann werde ich auf einmal so wichtig, dass gleich alle nach dem Schlüssel suchen wollen – nur weil Weihnachten ist. Ja richtig, es ist ja Weihnachten, erinnerte sich Augustin da. Das heißt ja, dass ich mal wieder bei einem Weihnachtsfest dabei sein kann.

Augustin jubelte innerlich vor Freude. Und während er in Erinnerungen an vergangene Weihnachtsfeste schwelgte, damals als er noch ständig im Schloss der Wohnzimmertür gewohnt hatte, war es auch schon Abend geworden. Mia und Max standen mit ihren Eltern – von einem Bein auf das andere hüpfend – ungeduldig vor der Wohnzimmertür. Auch Augustin wurde langsam ganz unruhig. Gleich würde Vater Schuster mit ihm die Tür zum Weihnachtszimmer öffnen. Augustin war froh. In gewisser Weise kam ihm damit im wahrsten Sinne des Wortes ja eine Schlüsselrolle zu, denn ohne ihn bliebe allen das Weihnachtszimmer verschlossen.

Mia und Max drängelten Vater Schuster, doch endlich die Tür aufzumachen. Und da zog Vater Schuster Augustin aus der Tasche, öffnete die Tür und legte Augustin danach auf dem Sidebord ab. Augustin schaute sich um. Die Lichter am Weihnachtsbaum leuchteten, auf dem Tisch stand Gebäck, im Hintergrund spielte Weihnachtsmusik aus dem CD-Player und neben ihm, neben ihm stand auf dem Sidebord eine Krippe. Noch nie ins einem Leben war Augustin dem Jesuskind so nahe gewesen wie in diesem Moment. Ob Jesus wohl verstanden hätte, wie es in einem aussieht, wenn man ein Schlüssel ist und wieviel Spaß es machen kann, Türen zu öffnen und mal dahinter zu schauen?

3. Teil

Augustin genoss dieses Weihnachtsfest, das erste Weihnachtsfest seit Jahren wieder einmal in vollen Zügen. Wenn die Erinnerung ihn nicht trog, dann würde Mutter Schuster gleich die Weihnachtsgeschichte vorlesen. Und da nahm sie auch schon die dicke Bibel auf ihren Schoß und begann laut vorzulesen:

> *Es begab sich aber, in jenen Tagen erging ein Erlass des Kaisers Augustus, den ganzen Erdkreis aufzeichnen zu lassen. Diese Aufzeichnung war die erste und geschah, als Qurinius Statthalter von Syrien war. Alle gingen hin, sich aufzeichnen zu lassen, ein jeder in seine Stadt. Auch Joseph zog von Galiläa aus der Stadt Nazaret hinauf nach Judäa in die Stadt Davids, die Betlehem heißt, weil er aus dem Hause und Geschlechte Davids war, um sich mit Maria, seiner Verlobten, die schwanger war, eintragen zu lassen. Während sie dort waren, begab es sich aber, dass sich die Tage vollendeten, da sie gebären sollte. Und sie gebar ihren Sohn, den Erstgeborenen, wickelte ihn in Windeln und legte ihn in eine Krippe, weil für sie kein Platz in der Herberge war.*

»Ja, ja, denen blieben die Türen damals auch fest verschlossen. Nirgends fanden sie eine Herberge. Wäre ich doch damals nur in Betlehem gewesen.«

> *Und in derselben Gegend waren Hirten auf dem Felde, die Nachtwache hielten bei ihrer Herde. Da trat ein Engel des Herrn zu ihnen, und die Herrlichkeit des Herrn umstrahlte sie, und sie fürchteten sich sehr. Der Engel sprach zu ihnen:*

»Ja, der Engel«, denkt Augustin, »der ist auch eine Schlüsselfigur in der ganzen Geschichte. Gut, dass er zu den Hirten gesprochen hat.«

> *»Fürchtet euch nicht! Denn siehe, ich verkünde euch eine große Freude, die dem ganzen Volke zuteil werden wird. Denn heute ist euch in der Stadt Davids ein Heiland geboren, nämlich der Messias, der Herr. Dies soll euch das Zeichen sein: Ihr werdet ein Kind finden, in Windeln eingewickelt und in einer Krippe liegend.« Plötzlich war bei dem Engel eine Menge himmlischer Heerscharen, die Gott lobten und sprachen: »Herrlichkeit in den Höhen für Gott und auf Erden Friede den Menschen seiner Huld!«*
> *Und es begab sich, als die Engel von ihnen weg in den Himmel gegangen waren, sprachen die Hirten zueinander: »Lasst uns nach Betlehem gehen und schauen, was geschehen ist und was der Herr uns kundgetan hat.« Sie kamen eilends hin und fanden Maria und Joseph und das Kind, das in der Krippe lag. Als sie es aber sahen, berichteten sie von dem Wort, das ihnen über dieses Kind gesagt worden war. Und alle, die es hörten, wunderten sich über das, was ihnen von den Hirten erzählt wurde. Maria aber bewahrte all diese Worte in ihrem Herzen. Die Hirten kehrten zurück, priesen und lobten Gott für alles, was sie gehört und gesehen hatten, so wie es ihnen gesagt worden war.*

Augustin sah noch mal neben sich. Da stand immer noch die aufgebaute Krippe mit Maria, Josef und dem Jesuskind in der Krippe. Augustin schwieg lange und schaute stumm zum Jesuskind. Dann flüsterte er: »Weißt du was, Jesus, entschuldige, weil es vielleicht vermessen klingt, aber irgendwie bist du auch ein bisschen wie so wie ich – ein Schlüssel. Das wissen aber noch nicht alle. Wenn sie es nur verstehen könnten, ich würde es ihnen heute Abend gerne sagen.«

4.6 Wunschkiste

Thema: *Weihnachten*
Wünsche
Alter: *ab ca.12 Jahre*
Personen: *Einzel- und Gruppenarbeit*
Dauer: *ca. 20 Minuten*
Material: *pro Teilnehmer eine leere Streichholzschachtel*
Stifte
Schere
Klebstoff
Papier in der Größe 4,5 x 3 cm
pro Teilnehmer eine Kopiervorlage
Vorbereitungen: *Kopiervorlage entsprechend der Teilnehmerzahl vervielfältigen*
benötigtes Material bereithalten

Hinführung

Weihnachten ist mehr und mehr die Zeit des Wunschzettelschreibens geworden. Schenken und v.a. Beschenktwerden stehen im Vordergrund. Bei der Wunschkiste geht es ebenfalls ums Wünschen und ums Schenken. Es geht jedoch um Wünsche, die nicht dadurch erfüllt werden können, dass man in ein Geschäft geht und etwas kauft, und auch das, was am Ende verschenkt wird, ist so individuell, dass es nirgends gekauft werden kann – eben eine Weihnachtswunschkiste.

Durchführung

- Jeder Teilnehmer erhält eine Kopiervorlage mit »Brettern«, die jeweils Anfangsbuchstaben aus dem Alphabet enthalten, sowie einige »Blankobretter«.
- Nun überlegt sich jeder Teilnehmer Wünsche für andere Menschen zu Weihnachten, die mit den jeweiligen Buchstaben beginnen, und schreibt diese auf seine Wunschbretter.
- Danach wählt jeder für sich die acht wichtigsten Wünsche aus und baut aus diesen Brettern seine Wunschkiste, indem die Bretter auf die Streichholzschachtel aufgeklebt werden.
- Auf das kleine Papier schreibt man: »Das wünsche ich dir zu Weihnachten« und legt den Zettel in die Streichholzschachtel.
- Die Teilnehmer stellen sich ihre Wunschkiste gegenseitig vor.
- Wem kann ich diese Kiste mit guten Wünschen schenken?

Alternative

Es wird von vornherein überlegt, wem man etwas zu Weihnachten wünschen möchte. So werden die »Bretter« eher mit auf die Person zugespitzten Wünschen beschriftet.

Hinweis

Diese Wunschkiste kann nicht nur zum Thema Weihnachten gestaltet werden; es bietet sich ebenso an, sie z. B. als Geburtstagswunschkiste zu basteln.

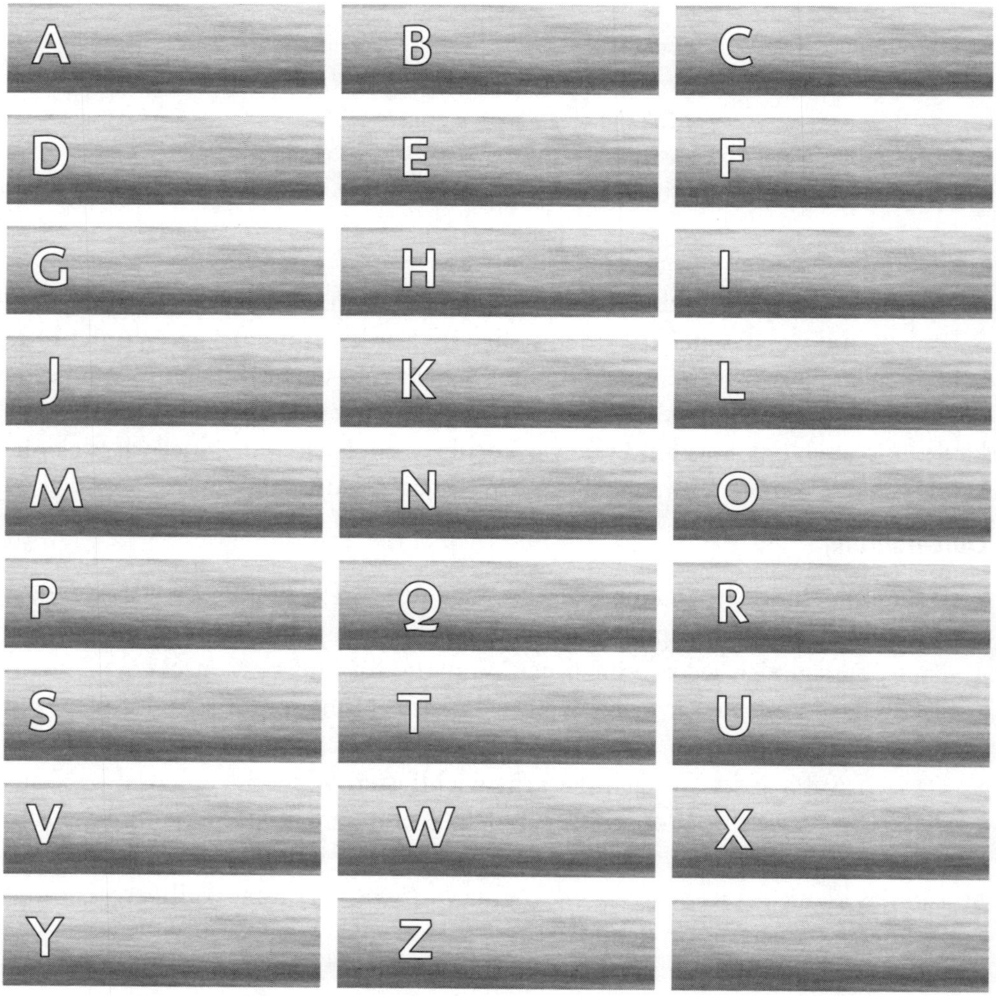

4.7 Würfelspiel

Thema: *Weihnachten*
Alter: *ab ca.12 Jahre*
Personen: *Gruppenarbeit*
Dauer: *ca. 40 Minuten*
Material: *Spielplan*
Würfel
Ereigniskarten in rot
Ereigniskarten in grün
Spielfiguren
Stifte
Vorbereitungen: *Der Gruppenleiter malt einen Spielplan mit beliebig vielen Feldern, die einen Weg angeben von einem Startpunkt bis zu einem markierten Ziel. Dabei markiert er einige Felder rot und andere grün.*
Er schneidet aus rotem und grünem Papier Ereigniskarten zurecht, die später von den Teilnehmern beschriftet werden können.

Hinführung

Weihnachten – das Fest der Liebe, das Fest der Familie. Wir wünschen uns besinnliche und friedvolle Weihnachten. Manchmal sieht es jedoch ganz anders aus. Da ist gerade an Weihnachten der Krach in der Familie vorprogrammiert, da geht es gerade an den Feiertagen alles andere als friedvoll zu und obendrein verbrennt noch die Gans im Ofen. Da wird bereits am 25. Dezember überlegt, wann man die Geschenke umtauschen geht.

Es gibt aber auch die anderen Weihnachtserfahrungen: leuchtende Kinderaugen beim Anblick des mit Kerzen und Kugeln geschmückten Weihnachtsbaumes, eine unendliche Stille im Weihnachtsgottesdienst und eine tief empfundene Zufriedenheit im Innern des Herzens.

Jeder hat sie, diese oder jene Erfahrungen mit dem Weihnachtsfest. Sie sollen im folgenden Spiel aufgegriffen werden; nicht um das Weihnachtsfest zu verteufeln oder zu glorifizieren, sondern um sich bewusst damit auseinander zu setzen. Denn Weihnachten kommt alle Jahre wieder.

Durchführung

- Jeder Teilnehmer überlegt sich drei Situationen, die für ihn in Bezug auf Weihnachten positiv sind und schreibt diese auf die grünen Ereigniskarten.

- Er bewertet diese Situationen auch selbst, d.h. er schreibt z.B. »Gehe drei Felder vor.«
- Auf die roten Ereigniskarten schreibt er drei Dinge, die er bei Weihnachten als negativ empfindet und bewertet diese Situationen ebenfalls.
- Nun kann gespielt werden. Kommt man im Spiel auf ein rotes oder grünes Feld, so muss man eine Ereigniskarte in der entsprechenden Farbe ziehen und ausführen.
- Nach dem Spiel sollte man sich über die unterschiedlichen Weihnachtserfahrungen, die im Spiel gehört wurden, austauschen. Evtl. werden zu diesem Zeitpunkt noch Spielkarten ergänzt oder verändert.

4.8 Mandala

Thema: *Advent*
Weihnachten
Stille

Alter: *ab ca. 5 Jahre*

Personen: *Einzel- und Gruppenarbeit*

Dauer: *ca. 30 Minuten*

Material: *Abdeckplane*
Schere
Kiste mit verschiedenen beliebigen »Advents- bzw. Weihnachtsmaterialien« wie z. B. Tannenzweige, Zapfen, Stroh(-Sterne), Kugeln, Nüsse
evtl. eine Kerze

Vorbereitungen: *Der Gruppenleiter legt im Raum eine möglichst große Kreisfläche fest, die die Unterlage für das Mandala bilden soll.*
Der Kreis wird mit einer zugeschnittenen Abdeckplane ausgelegt.
Er kann zusätzlich – je nach Geschmack – mit Sand oder Erde ausgestaltet werden.
Der Gruppenleiter stellt die Kiste mit den Weihnachtsmaterialien bereit.

Hinführung

Mandalas zum Ausmalen sind längst bekannt. Das Ausmalen der verschiedenartigen Muster führt zur inneren Ruhe, lässt Gedanken und Assoziationen freien Lauf. Hier geht es darum mit Materialien ein Mandala plastisch zu gestalten und bei der anschließenden Betrachtung, je nach Gruppensituation auch schon beim Gestalten, zur Ruhe zu kommen. Mit dem Mandala kann auch die Mitte eines Raumes in der Advents- und Weihnachtszeit gestaltet werden. Das Mandala wird dann zum Versammlungsort für Morgenandachten und Morgenkreise.

Durchführung

- Die Teilnehmer wählen aus der Kiste Legematerialien aus und beginnen von der Kreismitte aus ein Mandala zu legen.
- Danach kann eine Kerze in die Mitte gestellt werden.
- Während die Kerze brennt, hat die Gruppe die Gelegenheit, in einem Moment der Stille und Besinnung das Mandala zu betrachten.

Hinweis

Trifft sich die Gruppe jeden Tag, kann das Mandala auch täglich von einem Teilnehmer neu gestaltet werden.

4.9 Die Weisen aus dem Morgenland

Thema: *die heiligen drei Könige*
Alter: *ab 5 Jahre*
Personen: *Einzel- und Gruppenarbeit*
Dauer: *ca. 30 Minuten*
Material: *alte Schachteln mit Deckel oder Dosen, Gläser mit Verschluss*
Goldfolie in verschiedenen Farben
Perlen
Schmucksteine
Kordeln, Bänder
Klebstoff, besser eine Heißklebepistole
Vorbereitungen: *benötigtes Material bereitlegen*

Hinführung

Bei Matthäus 2,1–12 lesen wir von den Weisen aus dem Morgenland. Sie folgten einem hellen Stern, in dessen Erscheinen am Himmel sie die Geburt des neuen Königs deuteten. Bis heute ist ungeklärt, ob es sich bei dem Stern lediglich um eine Sternenkonstellation oder den Halleyschen Komet gehandelt hat. Der Stern ist auf jeden Fall ein Symbol für das Licht der Erkenntnis. Die christliche Botschaft soll alle Menschen erreichen; so sind die Weisen aus dem Morgenland bis heute ein Zeichen für die Hinwendung der Heiden zum christlichen Glauben.

Die drei Weisen bringen dem neugeborenen Kind, so wie es auch heute bei der Geburt eines Kindes üblich ist, Geschenke.

Melchior (er verkörpert Europa) bringt Gold als Zeichen der Königswürde Jesu, Balthasar (er verkörpert Asien) bringt Weihrauch als Sinnbild der Gottesverehrung und Caspar (er verkörpert Afrika) bringt Myrrhe, ein geweihtes Duftöl, das auf die Sterblichkeit Jesu verweisen soll.

Unser Weihnachtsfest ist bis heute sehr stark durch den Brauch des Schenkens und Beschenktwerdens geprägt. Geschenke können das menschliche Zusammensein bereichern und Beziehungen untereinander stärken; sie erfordern jedoch auch, sich mit dem Beschenkten auseinander zu setzen. Jesus selbst ist für viele, denen er geholfen hat, wie z. B. Bartimäus oder Zachäus zu einem Geschenk Gottes an die Menschen geworden.

Das Dreikönigsfest, das wir am 6. Januar feiern, ist mit zahlreichem Brauchtum verknüpft. Am Abend des 6. Januar oder am darauffolgenden Sonntag, ziehen die Kinder als heilige drei Könige verkleidet von Haus zu Haus, singen Dreikönigslieder und erbitten Geld. Von diesem Geld werden soziale Projekte unterstützt. Nach ihrem Besuch schreiben sie mit Kreide über die Haustür die Buchstaben C+M+B, die eingerahmt werden von der jeweiligen Jahreszahl. Sie weist darauf hin, dass der Segen für das ganze Jahr erbeten wird. Die Buchstaben stehen nicht etwa für die Anfangsbuchstaben der drei Könige, sondern für den lateinischen Segensspruch: Christus Mansionem Benedicat. Das heißt: Christus segne dieses Haus.

Durchführung

- Der Gruppenleiter erzählt die Geschichte von den »Weisen aus dem Morgenland«. (Matthäus 2,1–12, siehe Erzählvorschlag)
- Die Kinder basteln die drei wertvollen Geschenke.
- Dazu werden die Schachteln und Dosen mit verschiedenfarbiger Goldfolie umwickelt und mit Perlen, Schmucksteinen und Kordeln verziert.
- Evtl. kann nun die Geschichte nachgespielt werden.

Geschichte »Die Weisen aus dem Morgenland« (Erzählvorschlag)

Als Jesus geboren wurde, sah man am Himmel einen großen, leuchtenden Stern. Dieser Stern war so strahlend und ungewöhnlich, dass er etwas besonderes sein musste. Drei weise und vornehme Männer sahen den Stern und folgten ihm. Sie hießen Caspar, Melchior und Balthasar. Sie waren sich einig: Dieser Stern sagt uns, dass im Land der Juden ein neuer König geboren wird. Und sie machten sich auf um dem neuen König Geschenke zu bringen. Caspar hatte ein duftendes Öl namens Myrrhe eingepackt. Balthasar hatte Weihrauch abgefüllt und Melchiors Kamele trugen Gold für das Kind.

Der Stern zeigte ihnen den Weg und führte sie nach Jerusalem. Dort kamen sie zum Palast des König Herodes. Caspar fragte Herodes: »Wo ist der neugeborene König?« »Wir haben seinen Stern gesehen«, sagte Melchior. Und Balthasar sagte: »Wir sind gekommen, um den neuen König anzubeten.« Da erschrak Herodes. Er wollte keinen anderen, keinen neuen König neben sich dulden. Heimlich schickte er seine Späher aus, um den neuen König zu suchen. Den drei Weisen aus dem Morgenland gegenüber ließ er sich seine Furcht jedoch nicht anmerken. Sie bat er: »Geht und sucht das neugeborene Kind. Und wenn ihr es gefunden habt, sagt mir sofort Bescheid. Auch ich will vor ihm niederknien und es anbeten.«

So brachen die weisen Männer wieder auf. Zunächst wussten sie jedoch nicht, wohin ihr Weg gehen sollte. Doch als es Nacht wurde, zeigte ihnen der Stern erneut den Weg. Er führte sie nach Betlehem.

Und dort stand der Stern tatsächlich über einem alten, einfachen Stall. Die drei Weisen waren sich nicht sicher, ob sie hier wirklich am Ziel waren. Doch als einer von ihnen vorsichtig die Stalltür öffnete, fanden sie das Jesuskind in einer Krippe liegen. Maria kniete neben ihm und Josef leuchtete mit einer Laterne. Auch Hirten waren im Stall und betrachteten froh das Kind.

Da holten die Weisen ihre Geschenke von den Kamelen herunter, knieten neben der Krippe nieder und breiteten die Geschenke vor dem Kind aus: Gold, Weihrauch und Myrrhe.

Alle im Stall spürten die Wärme und das Leuchten, das von diesem Kind ausging. Maria berührte es mit Freude; aber sie wusste nicht so recht, was das alles zu bedeuten hatte.

In der Nacht hatten die drei weisen Männer einen Traum, der sie davor warnte zurück zu Herodes zu gehen: »Wählt einen anderen Weg nach hause. Herodes will das neugeborene Kind bloß töten.«

4.10 Einzug in Jerusalem

Thema:	*Einzug in Jerusalem* *Palmsonntag*
Alter:	*ab ca. 5 Jahre; Alternativangebote* *ab ca. 11 Jahre*
Personen:	*Einzel- und Gruppenarbeit*
Dauer:	*ca. 40 Minuten*
Vorlesedauer:	*ca. 3 Minuten*
Material:	*Stoffreste* *bunte Servietten* *Krepppapier oder Papierreste* *Schere* *Klebstoff* *Holzstifte*
Vorbereitungen:	*Kopiervorlage auf DIN A3 vergrößern.*

Hinführung

Bei der vorgestellten Bastelaktion handelt es sich um eine kombinierte Form von Collage und Ausmalbild. Dabei werden Teile des Bildes be- bzw. ausgemalt und andere mit Materialien beklebt.

Beim Einzug in Jerusalem geht es darum, inhaltliche Aspekte der Erzählung (Die Menschen am Straßenrand legen ihre Kleider auf die Straße und bereiten Jesus den Weg.) in Handlung umzusetzen und Erzähltes nach zu gestalten, plastischer werden zu lassen, in den Vollzug der Geschichte mit hinein genommen zu werden.

Durchführung

- Die Kinder hören die Geschichte vom Einzug in Jerusalem.
- Anschließend malen sie die Kopiervorlage farbig aus.
- Aus Stoffresten werden unterschiedliche Stücke herausgeschnitten und auf den Weg geklebt.

Alternative 1

Beim Einzug Jesu in Jerusalem begrüßen ihn die Menschen mit Hosianna-Rufen. Wir denken darüber nach, was dieser ursprüngliche Gebetsruf bedeutet. Er heißt nicht etwa »Guten Tag« oder »Herzlich willkommen«, sondern vielmehr »Helft doch!«. Was bedeutete dieser Ruf damals in der Situation? Wer könnte unserer

Meinung nach damals besonders laut diesen Hilferuf geschrien haben? Wie hat Jesu Hilfe für diese Menschen ausgesehen? Welche Menschen würden heute wahrscheinlich diesen Ruf verlauten lassen und welche Hilfsmöglichkeiten stehen uns zur Verfügung? Evtl. ergänzen die Kinder ihr Bild um einige Spruchblasen.

Wir suchen weitere Formulierungen der Zurufe des Volkes, z. B. »Hosianna, du Sohn Davids!«, »Gelobt sei, der da kommt im Namen des Herren!«, »Heil dem, der da kommt im Namen des Herren!« Was bedeuten diese Namen?

Alternative 2

Auf dem Bild sieht man, dass sich viele Menschen am Straßenrand versammelt haben, um zu sehen, wer da kommt. Wir begeben uns in die Szene hinein, indem wir uns dicht gedrängelt in zwei Reihen aufstellen und spontan aussprechen, was wohl die Menschen damals an Äußerungen getan haben könnten. Wir verbalisieren, was wir in der nachgestellten Situation erleben und empfinden. Zum Beispiel: »Was ist denn hier für ein Gedränge?«, »Ist hier was Besonderes los?«, »Wofür denn all diese Aufregung?«, »Kannst du da vorne was sehen?«, »Hast du verstanden, was die da rufen?«, »Da kommt ja einer auf einem Esel geritten!«, »Kannst du erkennen, wer es ist?«

Alternative 3

Viele Menschen haben damals Jesus begeistert zugejubelt. Heute kennen wir solche Szenen einer jubelnden Masse vor allem von (Rock-)Konzerten und Fußballspielen. Aus Zeitungen schneiden wir die Darstellungen solcher Szenen aus und besprechen sie. Wo entdecken wir Parallelen zur damaligen Situation? Wo bewerten wir solche Szenen kritisch? Wem würde ich zujubeln oder wem jubele ich heute zu? Wofür kann ich mich begeistern oder bin ich nicht (mehr) zu begeistern? Von wem oder was bin ich ein Fan? Was muss oder kann passieren, damit meine Begeisterung für jemanden oder etwas nachlässt?

Viele Menschen haben sich über den Einzug Jesu in Jerusalem gefreut und ihm zugejubelt. Andere standen vielleicht abseits, weil sie es als Anmaßung empfunden haben, dass sich dieser Jesus als Sohn Gottes bezeichnet hat. Wir bilden zwei Gruppen – Anhänger Jesu und seine Gegner. In einem Streitgespräch entwickeln und verteidigen beide Gruppen ihre Position. Was könnten die Gegner Jesus vorwerfen?

Alternative 4

Wir spielen die im Bild dargestellte Szene nach. Die einfachste Möglichkeit für Kinder, den Einzug Jesu in Jerusalem nachzuspielen ist die Folgende: Alle Kinder stellen sich in zwei Reihen zu einer Gasse gegenüber. Ein Kind übernimmt die

Rolle von Jesus. Hierzu eignet sich die Verwendung der Stabfigur aus 1.17. Er geht langsam durch die von den Kindern gebildete Gasse oder Straße, während die übrigen ihm laut »Hosianna« zurufen. Danach übernimmt ein anderes Kind die Rolle von Jesus.

Jesus ist nicht nur am Palmsonntag in Jerusalem eingezogen. Er zieht immer wieder neu bei den Christen ein. Andererseits wird er auch immer wieder neu von manchen (Christen) verleugnet und verraten. In welchen Situationen ist dies der Fall? Durch Satzergänzungen: »Jesus wird immer wieder dort verleugnet, wo Menschen …« können wir dieser Frage nachspüren.

Alternative 5

Wir berichten aus der Perspektive des Esels vom Einzug in Jerusalem. Was würde er von diesem Fest berichten? Mit welchen Empfindungen war er selbst dabei?

Wir gestalten den Einzug in Jerusalem: Zuerst malen die Teilnehmer Figuren von Männern und Frauen und schneiden diese aus. Mit Hilfe dieser Figuren legen sie auf dem Tisch oder Boden verschiedene Szenen. Der Gruppenleiter erzählt, dass diese Menschen auf Jesus gewartet haben. Sie haben ihm »Hosianna« zugerufen. Wir denken uns eine Melodie aus und singen dazu folgenden Text: »Jesus kommt, ich freue mich, Halleluja, Jesus kommt, ich freue mich, Halleluja.«

Wir bereiten eine Stabfigur »Jesus« (siehe 1.17) vor. Außerdem hat sich jeder Teilnehmer einen Palmzweig gebastelt. Nun stellen sich alle Teilnehmer im Kreis auf. Ein Teilnehmer nimmt die Stabfigur und geht vor die Tür. Die Teilnehmer im Kreis singen nun: »Jesus, komm, ich wart' auf dich, Halleluja, Jesus komm, ich wart' auf dich, Halleluja.« Dann kommt »Jesus« herein und geht durch die von den Kindern gebildete Gasse. Die anderen winken »Jesus« mit ihren Zweigen zu und singen: »Jesus kommt, ich freue mich, Halleluja …«. Anschließend werden die Rollen getauscht.

Geschichte »Einzug Jesu in Jerusalem« (Erzählvorschlag)

Schon viele Jahre lang geht Jesus mit seinen Jüngern von einer Stadt zur anderen. Überall wo er hinkommt, erzählt er den Menschen von Gottes Werken und Worten. So lernen viele Menschen diesen Jesus kennen und auch lieben. Aber es gibt auch einige Menschen, die Jesus ablehnen und sogar verachten. Es gefällt ihnen nicht, dass Jesus sagt, er sei der Sohn Gottes. Und es gefällt ihnen nicht, was Jesus tut.

Diesmal ist Jesus mit seinen Freunden auf dem Weg in die Hauptstadt Jerusalem. Viele andere sind ebenfalls unterwegs nach Jerusalem, der heiligen Stadt. Sie wollen in Jerusalem das Passah-Fest, das Fest der Erinnerung an die Befreiung aus der Sklaverei, feiern.

Kurz vor den Toren der Stadt schickt Jesus zwei seiner Freunde ins nächste Dorf. Sie sollen den Esel, der vor dem ersten Haus steht, losbinden und ihm bringen. Und er sagt weiter: »Wenn euch jemand fragt, was ihr da macht, dann antwortet: Jesus braucht das Tier. Er wird es bald zurück schicken.«

Kurze Zeit danach bringen die Freunde den Esel. Sie legen ihre Kleider auf den Rücken des Esels, weil sie keinen Sattel haben. So reitet Jesus auf dem Esel durch die Straßen der Hauptstadt. In Windeseile spricht es sich herum, dass Jesus in der Stadt ist. Von überall her laufen die Leute zusammen, um Jesus zu sehen. Sie jubeln ihm zu und rufen »Hosianna, du Sohn Davids«, »Gelobt seist du!« Einige reißen Palmwedel von den Bäumen und winken Jesus damit zu. Andere ziehen vor lauter Begeisterung ihre Kleider aus und legen sie vor Jesu Füßen auf die Straße. Jesus reitet nun wie über einen weichen Teppich. Wie ein König wird er empfangen.

Viele Menschen freuen sich darüber, dass Jesus in die Stadt kommt. Aber Jesus hat auch Feinde. Sie ärgern sich, dass Jesus wie ein König gefeiert wird. Sie ärgern sich, dass Jesus sagt: Gott ist mein Vater und ich bin Gottes Sohn. Sie denken: Das darf doch nicht wahr sein, wie dieser Mann spricht. Doch Jesus zieht weiter in Jerusalem ein. Noch hören die vielen Menschen nicht auf das, was die Feinde Jesu sagen. Noch jubeln und winken sie Jesus zu und rufen immer wieder »Hosianna, Hosianna!«

Aber Jesus weiß, dass man ihn in Jerusalem gefangennehmen und töten wird.

4.11 Palmesel und Palmhase

Thema:	*Palmsonntag (Brauchtum)* *Passion Jesu*
Alter:	*ab ca. 5 Jahre*
Personen:	*Einzel- und Gruppenarbeit*
Dauer:	*ca. 10 Minuten*
Vorlesedauer:	*ca. 3 Minuten*
Material:	*evtl. die Backzutaten für eine Torte und Marzipan für ein Häschen*
Vorbereitungen:	*keine*

Hinführung

Mit dem Palmsonntag (dies palmarum = Tag der Palmen), der am letzten Sonntag vor Ostern gefeiert wird, beginnt die Karwoche. Sie endet am Karsamstag. Während der Karwoche gedenken die Menschen der Hinrichtung Jesu am Kreuz und bereiten sich auf das größte Fest der Christen, Ostern, vor. Am Palmsonntag wird in der Kirche erstmals in der Karwoche die Passion Jesu verkündet.

Der Palmsonntag erinnert an den Einzug Jesu in Jerusalem. Der biblischen Überlieferung nach (vgl. Matthäus 21,1–11) soll Christus vor dem jüdischen Passahfest vom Ölberg auf dem Rücken eines Esels begleitet von Hosiannarufen einer begeisterten Menge und dem Schwenken von Palmwedeln und Ölzweigen in Jerusalem empfangen worden sein.

Vor allem seit dem 11. Jahrhundert finden in katholischen Gegenden in Erinnerung an das Palmfest Palmprozessionen statt. Vielerorts wurde dabei ein hölzerner Esel mit einer hölzernen Christusfigur unter feierlichen Gesängen durch das Dorf oder um die Kirche herum getragen. Es kam auch vor, dass ein echter Esel mitgeführt wurde, auf dem dann stellvertretend für Jesus der Pfarrer oder ein Ministrant saß. Die Palmwedel galten als Symbol für den Einzug Jesu und dessen Huldigung. Heute beschränken sich die Palmprozessionen meist auf von Gebeten begleitete Bittgänge.

Der Brauch der Palmweihe, der vermutlich noch auf heidnisches Brauchtum zurückgeht, hat sich bis heute erhalten. Da in unseren Regionen aber keine Palmen wachsen, werden statt dessen Weiden-, Hasel- und Birkenzweige oder auch kleine Sträuße aus Buchsbaum, Eibe, Stechpalme oder Erika in die Kirche gebracht und dort geweiht. (Umweltschützer warnen jedoch immer wieder vor dem Raubbau an den Weidenkätzchen, da diese wichtige Frühjahrsnahrung für die Bienen darstellen und unter Naturschutz stehen.) Anschließend werden die in der Kirche geweihten Laubbüschel im Stall oder im Haus aufbewahrt, wo sie meist hinter das Kreuz oder Heiligenbilder gesteckt werden. Nach heidnischer Überlieferung schützen sie z. B. vor Unwetter, Blitzschlag, bösen Geistern und Krankheit. Noch heute stecken einige Bauern einen geweihten »Palmbuschen« in ihren Acker, um ihn vor Hagel und Unwetter zu schützen. Palmzweige, die am Tür- oder Fensterrahmen angebracht sind, sollen Unheil und Katastrophen vom Haus abwehren und böse Geister an deren Einzug hindern. Sie werden als segensbringendes Zeichen verstanden.

Der Palmsonntag wird vor allem durch den Kirchgang an diesem Festtag gefeiert; er findet weniger in der Familie statt. In evangelischen Gemeinden ist er häufig auch der Konfirmationssonntag. Früher wurde der Junge, der als letzter die Kirche verließ »Palmesel« genannt. Heute wendet man diese Bezeichnung auf das Familienmitglied an, das am Palmsonntag als letztes aufsteht.

Durchführung

- Der Gruppenleiter liest zunächst nur den ersten Satz der Geschichte ohne die Überschrift vor. Warum schaut Lara so entgeistert? Die Kinder stellen Vermutungen an.
- Der Gruppenleiter liest bis »Palmsonntagtorte«. Was könnte es mit einer Palmsonntagtorte auf sich haben? Was wissen wir über den Palmsonntag? Wird in unserer Familie der Palmsonntag auch bedacht?
- Der Gruppenleiter liest die Geschichte zu Ende. Es folgt ein Brainstorming.
- Anschließend beschäftigen sich die Kinder mit der biblischen Geschichte zum Palmsonntag (siehe hierzu Erzählvorschlag unter 4.10)
- Evtl. backen sie gemeinsam in der Gruppe eine Torte mit einem Palmhäschen. Bei wem wird das Häschen wohl herunterfallen?

Geschichte »Palmesel und Palmhase«

Verwundert bleibt Lara in der offenen Küchentür stehen und schaut ihre Mutter, die gerade ein Marzipanhäschen in die Mitte einer Sahnetorte setzt, entgeistert an. »So fertig!«, sagt die Mutter. Lara schaut immer noch so als verstünde sie nichts mehr. Warum sie eigentlich in die Küche wollte, hat sie längst vergessen. »Lara!« spricht die Mutter sie schließlich an, »träumst du?« – »Fast glaub ich es, Mama. Wieso hast du denn heute schon eine Ostertorte gebacken? Ostern ist doch erst nächsten Sonntag.« – »Aber Lara, Kind, ich weiß auch, dass Ostern erst nächsten Sonntag ist. Das hier ist auch keine Ostertorte, sondern eine Palmsonntagtorte. Und morgen ist Palmsonntag. Genau einen Sonntag vor dem Ostersonntag.« – »Okay, aber dann hättest du doch wirklich den Osterhasen in der Mitte auf der Torte noch eine Woche aufheben können.« – Dann wäre es aber keine Palmsonntagtorte mehr, sondern nur ein ganz normaler Sonntagskuchen. Was es mit dieser Tradition, einen Palmhasen auf die Torte zu setzen, auf sich hat, weiß ich auch nicht mehr so ganz genau. Ich habe es einfach so von meiner Mutter übernommen und diese wiederum von ihrer. Da wurde am Palmsonntag ein Marzipanhäschen in die Tortenmitte gesetzt. Am Nachmittag wurde dann die Torte angeschnitten und jeder bekam ein Stück. Derjenige, bei dessen Stück der Palmhase von der Torte gepurzelt ist, durfte dann das Häschen aufessen.«

Lara mag Marzipan sehr. Hoffentlich fällt das Häschen gerade dann um, wenn sie sich mit der Kuchenschaufel ein Stück Torte nehmen wird. Das wird morgen richtig spannend, denkt Lara. Aber nicht nur wegen des Häschens.

Vorhin hat der Vater ihr und ihrer kleinen Schwester von einer anderen Tradition erzählt. Derjenige, der am Palmsonntag als letzter aus den Federn kriecht, also ein richtiger Langschläfer ist, wird an diesem Tag Palmesel genannt. Palmesel möchte Lara auf keinen Fall werden, deshalb nimmt sie sich ganz fest vor, sich ihren Wecker schon ganz früh zu stellen, obwohl morgen Sonntag ist. Aber den Palmhasen, den möchte sie bekommen. Ob man da wohl durch eine ungeschickte Bewegung mit dem Kuchenmesser ein bisschen nachhelfen könnte, überlegt Lara.

4.12 Grüne Törtchen

Thema:	*Gründonnerstag*
Alter:	*5 Jahre*
Personen:	*Einzel- und Gruppenarbeit*
Dauer:	*ca. 10 Minuten ohne Backzeit*
Backzeit:	*25 Minuten*
Zutaten:	*350 g Butter*
	350 g Zucker
	6 Eier
	1 Päckchen Vanillezucker
	2 unbehandelte Zitronen
	350 g Mehl
	3 Teel. Backpulver
	Puderzucker
	Zitronensaft
	grüne Lebensmittelfarbe
	evtl. grüne Gummibärchen
	Papier-Backförmchen
Vorbereitungen:	*Backzutaten besorgen und bereitlegen*

Hinführung

Der Gründonnerstag ist der fünfte Tag der Karwoche. Mit der Feier des Gründonnerstages gedenkt die Kirche des letzten Abendmahls Jesu mit seinen Jüngern. Es ist der Abend, bevor Jesus am Kreuz stirbt. In der Gemeinschaft mit seinen besten Freunden spricht Jesus von seinem bevorstehenden Sterben und bittet die Jünger, zum Gedächtnis an seinen Tod von nun an gemeinsam das Abendmahl zu feiern. In der Bibel erfahren wir, dass Jesus an diesem Abend seinen Jüngern die Füße gewaschen hat. Dies war Sklavenarbeit. Aber Jesus hat sich erniedrigt. In einigen Gemeinden wird am Gründonnerstag mit einer Fußwaschung daran erinnert, Jesus in seiner Nächstenliebe nachzufolgen.

Im Abendgottesdienst am Gründonnerstag ertönen zum letzten Mal bis zur Osternacht die Kirchenglocken. An den Tagen des Leidens und des Todes Jesu schweigen sie symbolisch; in manchen Gegenden werden die Gläubigen mit Ratschen und Holzklappern von den Messdienern zum Gottesdienst gerufen. Vielerorts schweigen auch die Orgeln bis Ostern; die Lieder werden ohne Orgelbegleitung gesungen. Wegen des bevorstehenden Todes Jesu ist der Gründonnerstag ein

Tag der Trauer. Deshalb werden auch am Ende der Messe der Altarschmuck und die Kerzen weggeräumt.

Mit dem Gründonnerstag endet heute die 40-tägige Fastenzeit.

Es gibt verschiedene Deutungen dafür, woher der Gründonnerstag seinen

Namen hat. Eine mögliche ist die, dass das Wort von dem mittelhochdeutschen »griene« abgeleitet ist, was soviel bedeutet wie unschuldig oder schuldlos oder vom mittelhochdeutschen »gronan«, was weinen bedeutet. Früher wurden Menschen, die für ihre schweren Sünden öffentlich gebüßt hatten, am Gründonnerstag wieder in die kirchliche Gemeinschaft aufgenommen. Diese Büßer wurden »Weinende« genannt. Als Zeichen für die Vergebung ihrer Sünden schmückten sie sich mit jungem Grün. Der Gründonnerstag wird deshalb auch »dies absolutionis« genannt, also Ablasstag.

Allerlei Brauchtum und Aberglaube ranken sich um den Gründonnerstag. So wird z. B. gesagt, dass die an diesem Tag gelegten Eier, länger halten, nicht faulen und das Haus vor Blitzschlag schützen; sie gelten als glücksbringend und unheilabwehrend. Ebenso gelten die an diesem Tag gesäten Kräuter als widerstandsfähiger und sollen vor Frost geschützt sein. Heilkräuter die an diesem Tag gesät werden, sollen eine besonders starke Heilkraft entwickeln.

Wer an diesem Tag einen Apfel mit Gehäuse und Stiel esse, dem sei Gesundheit fürs ganze Jahr garantiert. Und wer neun verschiedene Sorten Kräuter am Gründonnerstag isst, soll das ganze Jahr über kein Fieber bekommen. Man solle auch keine Wäsche aufhängen, denn das hätte Todesfälle in der Familie zur Folge. Es gibt auch den Brauch, am Gründonnerstag nur »grüne Speisen« zu essen, z. B. Spinat, Löwenzahnsalat, grüne Soße und Grünkohl. Dies ist wiederum darauf zurückzuführen, dass nach alter Mythologie dies die Lieblingsspeisen des heidnischen Gottes Thor waren.

Unabhängig von christlichen Traditionen wird die Farbe Grün als die Farbe der Hoffnung gesehen. Auch das Erwachen der Natur als Zeichen der Hoffnung wird häufig mit dem Gründonnerstag und dem Osterfest in Verbindung gebracht.

Zubereitung

- Die zimmerwarme Butter mit dem Zucker in eine hohe Rührschüssel geben und mit dem elektrischen Handrührgerät schaumig rühren.
- Nach und nach die sechs Eier dazugeben.
- Die Schale der Zitronen abreiben und unterrühren.
- Die Zitronen auspressen und den Saft zur Masse geben.
- Dann den Vanillezucker zufügen.
- Das Mehl mit dem Backpulver mischen, sieben und nach und nach untermixen.

- Schließlich wird der Teig mit einem Löffel in die Papierbackförmchen gefüllt und ca. 25 Minuten bei 180 Grad gebacken.
- Wenn die Törtchen abgekühlt sind, wird aus Puderzucker, Zitronensaft und grüner Lebensmittelfarbe ein Zuckerguss hergestellt. Mit einem Backpinsel werden die Törtchen grün »angemalt« und evtl. mit einem grünen Gummibärchen verziert.

4.13 Karfreitagskreuze

Thema:	*Karfreitag* *Passion Jesu* *Kreuz*
Alter:	*ab ca. 6 Jahre*
Personen:	*Einzel- und Gruppenarbeit*
Dauer:	*insgesamt ca. 20 Minuten (unter Einbeziehung der Kreuzigungsgeschichte ca. 30 Minuten)*
Backzeit:	*10 Minuten*
Zutaten:	*300 g Mehl* *½ Teel. Salz* *180 g Butter* *200 g Zucker* *1 großes Ei* *1 Eigelb*
Vorbereitungen:	*Zutaten besorgen und bereitlegen* *Backofen vorheizen*

Hinführung

Das Kreuzsymbol findet sich in vielen Religionen. Für uns Christen ist das Kreuz zum christlichen Symbol überhaupt geworden. Vor allem Paulus hat das Kreuz und die Auferstehung in seinen Briefen immer wieder in das Zentrum des christlichen Glaubens gestellt. Ebenso erinnert das Kreuz daran, dass Jesus für uns am Kreuz gestorben ist und die Sünden und das Leid aller auf sich genommen hat. So ist das Kreuz Symbol für recht unterschiedliche Dinge. Es steht für Leben und göttliche Kraft, ebenso wie für Tod und Leid. Als Zeichen des Lebens und des Sieges werden daher Kreuze in der christlichen Kunst häufig mit Edelsteinen oder Perlen geschmückt oder mit Blättern und Blüten versehen als »Lebensbaum« dargestellt.

Für die Kinder soll das Kreuz mehr werden als nur ein Zeichen für Tod oder für die Kirche. Sie sollen die vielen Formen und Bedeutungen des Kreuzes in unserem Leben erkennen. Das Kreuz als Symbol für Gottes Nähe zu den Menschen, Tod und Leid, Jesu Leben und Streben, Hoffnung, die Erinnerung an Jesus, den Wunsch nach der Nähe Gottes.

In den Karfreitagskreuzen kommt dies zum Ausdruck.

Zum Karfreitag siehe außerdem auch unter 4.14.

Zubereitung

- Butter und Zucker mit dem elektrischen Handrührgerät schaumig rühren.
- Dann das Ei und das Eigelb dazugeben.
- Das Mehl sieben und esslöffelweise zur Masse geben.
- Salz hinzufügen.
- Das Ganze zu einem Teig verkneten.
- Den Teig mit etwas Mehl dünn ausrollen und mit einem spitzen Messer Kreuze ausschneiden.
- Evtl. kann man noch Rosinen in das Kreuz drücken, die die Nägel darstellen sollen.
- Die Kreuze ungefähr zehn Minuten bei 200 Grad backen.

Weiterführung

Die Kinder hören die Geschichte von der Kreuzigung Jesu.

Geschichte »Kreuzigung Jesu« (Erzählvorschlag)

Die Soldaten führten Jesus ab und setzten ihm eine Dornenkrone auf. Sie verspotteten ihn, den König der Juden. Dann legten sie ihm das Kreuz auf die Schultern und führten ihn zur Hinrichtungsstätte Golgota. Den Grund seiner Kreuzigung schrieben sie auf eine Tafel: »Jesus von Nazaret, König der Juden.« Die Tafel nagelten sie oben an den Kreuzbalken. Sie reichten Jesus einen Becher mit gewürztem Wein, aber Jesus trank nicht. Um seine Kleider würfelten die Soldaten. Mit Jesus wurden noch zwei weitere Gefangene gekreuzigt. Auch diese verspotteten Jesus. Einige sagten: »Sich selbst kann der König der Juden wohl nicht helfen, aber anderen soll er geholfen haben.« Und sie lachten Jesus aus.

Um drei Uhr schrie Jesus: »Mein Gott, mein Gott warum hast du mich verlassen?« Ein Soldat tauchte einen Schwamm in Essig und reichte ihn Jesus an einer Lanze hinauf, damit er trinken könne. Doch Jesus schrie und starb.

Ein römischer Hauptmann, der bei der Kreuzigung dabei gewesen war sagte: »Ja, das war Gottes Sohn.« Maria Magdalena, Salome und Maria, die Mutter des Jakobus, waren ebenfalls bei der Kreuzigung dabei. Sie sahen traurig aus der Ferne zu.

Josef nahm Jesus mit Erlaubnis von Pontius Pilatus am Abend vom Kreuz ab, wickelte ihn in ein Leintuch und legte ihn in ein Grab, das mit einem Stein verschlossen wurde.

4.14 Karfreitag

Thema:	*Karfreitag*
	Brauchtum
	christliche Symbole
Alter:	*ab ca. 10 Jahre*
Personen:	*Einzel- und Gruppenarbeit*
Dauer:	*10 Minuten*
Vorlesedauer:	*ca. 3 Minuten*
Material:	*keines*
Vorbereitungen:	*keine*

Hinführung

Am Karfreitag gedenken wir des Todestages Jesu. Es ist ein Tag der Stille und Besinnung. Das Wort Karfreitag stammt aus dem Althochdeutschen »kara« oder »chara« und bedeutet Klage, Kummer, Trauer und Sorge. So wird der Karfreitag auch häufig Kummerfreitag genannt, weil an diesem Tag die ersten Christen den Tod Jesu beklagt hatten und voller Hoffnungslosigkeit waren. Sie dachten, mit Jesu Tod sei nun alles verloren.

Nach dem jüdischen Kalender ist Jesus am 15. Nissan mittags zur neunten Stunde am Kreuz auf dem Kalvarienberg gestorben. Nach dem gregorianischen Kalender geht man davon aus, dass es der 7. April 30 oder der 3. April 33 um 15.00 Uhr gewesen sein könnte. In Erinnerung an die Todesstunde Jesu werden deshalb die Karfreitagsgottesdienste oft zu dieser Zeit gehalten.

Seit dem 2. Jahrhundert wurde der Karfreitag zusammen mit dem Karsamstag als Buß- und Fastentag begangen. Noch heute wird der Freitag vielerorts als Fastentag in Erinnerung an das Leiden und die Kreuzigung Jesu gelebt. Deshalb gibt es an diesem Tag auch in öffentlichen Kantinen immer ein fleischloses Gericht.

Der Karfreitag gilt als der höchste Feiertag in der evangelischen Kirche und wurde früher als strenger Bußtag begangen. Diese hohe Bedeutung findet ihre Ursache in der Bedeutung des Kreuzestodes für die Protestanten. Im Tod Jesu sahen die Reformatoren die Erlösung von Schuld und Sünde. Gott soll erkannt und geehrt werden, wie er in Leiden und Schwachheit verborgen ist, und nicht in der direkten Anschauung seiner Vollkommenheit und Macht. Der Karfreitag erinnert daran, wie tief sich Gott herabgelassen hat und wie weit er in Jesus gegangen ist, um bei uns zu sein.

Für die katholische Kirche ist Ostern der höchste kirchliche Feiertag. In vielen katholischen Gebieten finden besonders feierliche Karfreitagsprozessionen bzw. Kreuzwegprozessionen statt. An insgesamt 14 Stationen (ursprünglich 12) werden seit dem 14. Jahrhundert die wichtigen Situationen des Tages und des Leidensweges Jesu in Erinnerung gerufen.

Der bekannteste Karfreitagbrauch ist sicher der, dass Christen am Karfreitag Fisch essen und auf Fleisch verzichten. Dieser Brauch erhält seine Bedeutung daher, dass der Fisch eines der ältesten Symbole der Christen ist. Das Wort für »Fisch« heißt im Griechischen »Ichthys«. Das sind die auch die Anfangsbuchstaben von »Iesus Christos Theos Yos Soter«, was auf deutsch »Jesus Christus, Gottes Sohn, Retter« heißt.

Ein weiterer Karfreitagsbrauch sind die Karfreitagsbrezeln. Sie gelten als Symbol für Jesus Christus. Eine Legende behauptet, wer sie isst, bekommt übers Jahr kein Fieber. In Süddeutschland war es Sitte, dass ein Bräutigam seiner Braut an diesem Tag etliche Brezeln auf einem Stab befestigt brachte.

Das Symbol der Christen und des Christentums schlechthin ist das Kreuz. Auch das Kreuz erfährt seine Bedeutung v. a. von Karfreitag her und durch den Osterglauben: Jesus wird ans Kreuz genagelt; damit versinnbildlicht das Kreuz zunächst einmal das Ende des irdischen Lebens. Gleichzeitig symbolisiert das Kreuz aber auch die Überwindung des Todes durch Jesus, indem man über das Kreuz hinaus auf den Auferstandenen blickt. So kann das Kreuz eigentlich erst im Zusammenhang mit Ostern und der Auferstehung begriffen werden.

Zum Karfreitag siehe außerdem auch unter 4.13. Hier findet sich auch ein Erzählvorschlag zur Kreuzigung Jesu.

Durchführung

- Die Kinder tauschen sich darüber aus, ob es bei ihnen zu Hause am Karfreitag bestimmte Bräuche gibt.
- Danach liest der Gruppenleiter die Geschichte vom »Karfreitagsfisch« vor.
- Warum gibt es bei der Oma am Karfreitag nur Fisch zu essen? Warum wird Jesus oft als Fisch dargestellt?

Geschichte »Karfreitagsfisch«

Es waren wieder einmal Osterferien. Und das bedeutete, dass ich zu meiner Oma und meinem Opa nach Hamburg fahren würde. Hamburg war immer eine Reise wert. Aber Oma und Opa waren erst recht immer eine Reise wert. Bei ihnen durfte ich vieles von dem, was zu Hause bei Mama und Papa nicht ging. Ich durfte morgens so lange schlafen bis das Mittagessen schon auf dem Tisch stand, ich durfte mich abends im Schlafanzug in die Couch kuscheln und den Spätfilm sehen und vieles mehr. Vielleicht durfte ich das ja auch nur, weil Ferien waren. Aber eines kam noch hinzu: Oma fragte mich immer, was ich mir zu essen wünschte, und Oma konnte klasse Pommes mit Ketschup, Spaghetti mit Tomatensauce, Chicken Mc Nuggets und Schokoladenmousse machen.

Heute morgen war ich wieder mal besonders spät aus den Federn gekrochen. Nach meiner Katzenwäsche schlurfte ich noch etwas verschlafen in die Küche. Doch was roch hier denn so komisch? War das etwa schon das Mittagessen? Und tatsächlich, Oma stand am Herd und hantierte mit Pfanne und Töpfen. »Oma, was riecht hier denn so komisch?«, fragte ich, ahnend, dass es keine Spaghetti waren. – »Hier reicht es nicht komisch, hier riecht es nach Fisch.« – »Aber Oma, du weißt doch, dass ich keinen Fisch esse«, sagt ich nicht ohne einen vorwurfsvollen Unterton in der Stimme, »Warum hast du mich denn nicht einfach gefragt, was ich heute essen möchte?« – »Weil es keine Frage ist, was es an Karfreitag zu essen gibt. Jeden Tag kann ich dir deine Spaghetti, Pommes, Knödel und so machen, aber an Karfreitag gibt es eben Fisch.« Oma blieb unerbittlich, man könnte auch sagen stur. Mir war schon beim Fischgeruch der Appetit vergangen. Was war nur in Oma gefahren? Sie ließ solche Sprüche los wie: »Isst du an Karfreitag Fisch, stechen dich im Sommer Bienen und Mücken nicht.« So ein Quatsch. Und Oma glaubte auch noch daran. Ob das wohl etwas mit ihrem Alter zu tun hatte? Ich beschloss umgehend Mama darüber zu informieren, dass bei Oma der Altersstarrsinn über Nacht Einzug gehalten hatte. Als wäre es Gedankenübertragung, rief Mama just in diesem Moment an. Wie es mir ginge. Naja, wenn ich ehrlich war, ging es mir gut, sogar richtig klasse, abgesehen von dem bevorstehenden Mittagessen, bei dem ich keinen Bissen runterbringen würde. So ganz beiläufig fragte ich Mama, was sie denn heute kochen würde. Nicht, dass mir die Antwort helfen würde, nein, aber neugierig war ich schon. Und in Gedanken stellte ich mir vor, dass Mama ihre typische Schlemmerpfanne schmorte oder Filet in Paprikarahmsauce servierte.

4.15 Osterkrippe

Thema: *Ostern*
Alter: *ab ca.13 Jahre*
Personen: *Gruppenarbeit*
Dauer: *ca. 40 Minuten*
Material: *richtet sich nach den Gestaltungswünschen der Gruppe*
Vorbereitungen: *benötigtes Material bereitlegen*

Hinführung

Weihnachtskrippen sind uns allen aus der Advents- und Weihnachtszeit bekannt. Früher gab es aber auch sogenannte Passionskrippen, die die Passions- und Ostergeschichten mit Figuren nachgestellt haben. Daran knüpfen wir an.

Durchführung

- Auf das Leintuch malen die Teilnehmer mit Plaka- oder Fingerfarbe ein großes Kreuz.
- Das Leintuch wird an eine Wand im Gruppenraum gehängt.
- Woran erinnert uns das Kreuz?
- Die Teilnehmer hören die Geschichte von der Kreuzigung und vom Tod Jesu (siehe hierzu den Erzählvorschlag unter 4.13).

Sie stellen die Szene in Form einer »Osterkrippe« nach.
- Vor dem Leintuch postieren sich folgende Personen(-gruppen):
- Die Mutter Maria
- Der Jünger Johannes
- Die Schriftgelehrten
- Die zwei Männer, die mit Jesus gekreuzigt wurden
- Die Soldaten, die um die Kleidung Jesu würfeln
- Die Menschen, die von Jesu Hilfe erwarten
- Der Soldat, der Jesus auf einer Stange einen getränkten Schwamm reicht
- Der Hauptmann, der erkennt, dass Jesus Gottes Sohn ist

Dazu muss sich die Gruppe vorher überlegen, wer welche Rolle übernimmt und welche Requisiten notwendig werden.

4.16 Blühendes Kreuz

Thema:	*Ostern*
	Kreuz
	Auferstehung/Hoffnung
Alter:	*ab ca. 9 Jahre*
Personen:	*Einzeln- und Gruppen*
Dauer:	*ca. 30 Minuten*
Material:	*knospende Äste*
	Bindfaden, Schnur oder Blumendraht
	Vase mit Wasser
Vorbereitungen:	*benötigtes Material bereitlegen*

Hinführung

Vor allem Paulus hat das Kreuz und die Auferstehung in seinen Briefen immer wieder in das Zentrum des christlichen Glaubens gestellt. Ebenso erinnert das Kreuz daran, dass Jesus für uns am Kreuz gestorben ist und die Sünden und das Leid aller auf sich genommen hat. So ist das Kreuz Symbol für recht unterschiedliche Dinge. Es steht für das Leben und göttliche Kraft ebenso wie für Tod und Leid. Als Zeichen des Lebens und des Sieges werden daher Kreuze in der christlichen Kunst häufig mit Edelsteinen oder Perlen geschmückt oder mit Blättern und Blüten versehen als »Lebensbaum« dargestellt. Das aus Ästen gestaltete Kreuz kann den Osterglauben visualisieren und eine Art »Lebensbaum« darstellen, wenn es in eine Vase mit Wasser gestellt wird und zu Ostern blüht.

Zum Kreuz siehe auch unter 4.13.

Durchführung

- An einen stabilen knospenden Ast wird ein ungefähr dreimal so langer biegsamer dünnerer Ast in der Mitte mit Schnur oder Draht festgebunden, so dass eine Kreuzform entsteht.
- Die Enden des dünnen Astes (Querbalken) werden vorsichtig zur Mitte zurück gebogen und mit Schnur entlang des Grundgerüstes festgebunden, so dass die Astenden ebenfalls Wasser aufsaugen können.
- Das so entstandene Kreuz wird in eine Vase gestellt.
- Die Teilnehmer tauschen sich über das Kreuzsymbol aus. Was bedeutet das Kreuz für uns Christen? (siehe oben)

Alternative 1

Wir fragen nach den unterschiedlichen Formen und Bedeutungen des Kreuzes in unserem Leben, z. B. das Kreuz als Symbol für Gottes Nähe zu den Menschen, die Entscheidung für einen Weg, Jesu Leben und Sterben, Tod und Leben, Hoffnung, die Erinnerung an Jesus, den Wunsch nach der Nähe Gottes.

Alternative 2

Wir überlegen, wo wir Kreuze in unserer Umwelt finden, z. B. Fensterkreuz, Wegkreuzung, Balkenkreuz, Autobahnkreuz, Rotes Kreuz, Weißes Kreuz etc.

Hinweis

Zum Thema Karfreitag siehe auch unter 1.22 (Verleugnung Jesu durch Petrus).

4.17 Zeichen neuen Lebens

Thema:	*Auferstehung*
	Ostern
Alter:	*ab ca. 7 Jahre*
Personen:	*Gruppenarbeit*
Dauer:	*richtet sich nach der Gruppenstärke*
Material:	*pro Kind ein Plastikei zum Füllen*
	Körbchen
Vorbereitungen:	*Die Kinder erhalten den Auftrag, ihr Ei mit etwas zu füllen, das Zeichen neuen Lebens ist und dieses Ei zur nächsten Gruppenstunde wieder mit zu bringen.*

Hinführung

Ostereier sind ebenso wie Osterhasen nicht christliche Osterbräuche. Vermutlich sind die Eier ins Osterbrauchtum aufgenommen worden, weil die Germanen, bevor sie Christen wurden, in einem Frühlingsfest mit dem Namen »Ostern« die Auferstehung der Natur gefeiert haben. Sie waren der Überzeugung, dass die Natur im Winter sterbe und im Frühling von der Frühlingsgöttin Ostara zu neuem Leben erweckt wurde. Aus Dankbarkeit opferten die Germanen ihr an den Ostertagen bunte Hühnereier. Sie galten als Symbol für neues Leben.

Durchführung

- In der Gruppenstunde legt jedes Kind sein Ei in dem Körbchen ab.
- Der Gruppenleiter öffnet nacheinander jedes Ei.
- Über die Inhalte und warum sie ein Zeichen neuen Lebens sind, wird gesprochen, z.B: eine Raupenzeichnung, weil aus der Raupe ein Schmetterling wird, eine Blumenzwiebel, weil daraus im Frühling eine Blume wächst usw.
- Bei älteren Kindern sollte der Gruppenleiter vorher ein leeres Plastikei in den Korb legen. Wird dieses Ei geöffnet, sind die Kinder zunächst verwundert, warum das Ei leer ist. Dann wird die Brücke zum leeren Grab geschlagen – Jesus als Zeichen neuen Lebens.

4.18 Hausaufgaben in Religion

Thema:	*Erntedank*
	Danke-Sagen
Alter:	*ab ca. 9 Jahre*
Personen:	*Einzel- und Gruppenarbeit*
Dauer:	*ca. 30 Minuten*
Vorlesedauer:	*ca. 4 Minuten*
Material:	*Papier*
	Stifte
Vorbereitungen:	*benötigtes Material bereitlegen*

Hinführung

Das Erntedankfest wird am ersten Sonntag im Oktober gefeiert; so legte es 1972 die Bischofskonferenz fest (in der evangelischen Kirche wahlweise auch am letzten Sonntag im September). Die Altäre in den Kirchen werden mit den Früchten der Äcker, Felder und Gärten geschmückt. Wir danken Gott für die Gaben der Schöpfung und die Ernteerträge.

Damit knüpfen wir an eine Jahrtausende alte Tradition von Erntefesten an. Auch einige bekannte jüdische Feste, wie z. B. das Laubhüttenfest, als Dankfest für die Weinlese, oder das Schawuot-Fest, als Dankfest für die Weizenernte, sind ursprünglich Erntedankfeste.

In unserer Industriegesellschaft, die alles für »machbar« hält und in der nur noch ca. fünf Prozent der Bevölkerung in der Landwirtschaft arbeiten, wird die Erinnerung an unsere bäuerlichen Vorfahren und die Feier des Erntedankfestes oft als Anachronismus verstanden. Hinzu kommt, dass immer mehr Maschinen die Arbeit der Bauern übernehmen. Beim Erntedankfest geht es allerdings nicht darum, Gott für die Ernte zu danken, die ein Bauer einbringt, sondern darum, dass Gott mit dieser Ernte den Bauern und uns ernährt. Der Bauer weiß zudem, dass die Ernte nicht selbstverständlich gut ausfällt, sondern dass sein Ertrag von vielen Faktoren abhängt, die er nicht beeinflussen kann. Erntedank ist also nicht nur ein Fest der Bauern!

Die Bedeutung des Erntedankfestes hat sich über die Jahrhunderte also verwandelt und wurde um neue Aspekte bereichert. Bei vielen Menschen schwingt am Erntedankfest auch ein Stück Sehnsucht nach der Natur mit. Wir haben Gelegenheit, über das nachzudenken, was uns ohne unser Dazutun gegeben und anvertraut wird, aber auch unseren Umgang mit der Umwelt bzw. der uns von Gott anvertrauten Schöpfung zu überdenken und uns auf unsere Verantwortung für diese Schöpfung zu besinnen.

Zudem regt das Erntedankfest an, darüber nachzudenken, dass einige Menschen auf der Welt hungern, während andere im Überfluss leben. So war es früher Brauch, dass die erste oder die letzte Garbe mit Ähren für die Armen im Dorf bestimmt war.

Viele Erntebräuche werden heute zunehmend in den Hintergrund gedrängt. Früher waren vor allem der Beginn und das Ende der Ernte von zahlreichen Bräuchen umgeben; so wurden z. B. vor Erntebeginn die Erntegeräte gesegnet oder man machte vor dem ersten Schnitt über die Sense und die Ähren das Kreuzzeichen; die erste Wagenladung sollte ohne Streit und schweigend eingefahren werden; in der Pfalz wurde der erste Erntewagen vor die Schule gefahren; die letzten geernteten Körner wurden unter das Saatgut für das nächste Jahr gemengt.

Durchführung

- Der Gruppenleiter liest die Geschichte bis zu *»Sie sollen sich halt was einfallen lassen, hat er noch gesagt, der Herr Pfarrer.«*
- Was fällt den Kindern ein? Wem würden sie einen Brief schreiben?
- Der Gruppenleiter liest weiter bis *»Schließlich schrieb Paul einen Brief.«*
- Die Kinder schreiben nun ebenfalls einen Brief, so wie es die Hausaufgabe von Paul war.
- Sie lesen sich ihre Briefe gegenseitig vor.
- Dann erst liest der Gruppenleiter die Geschichte zu Ende.
- Evtl. schreiben die Kinder nun noch einen Brief an ihre Eltern oder nehmen Pauls Idee als Anregung mit nach Hause.

Geschichte »Hausaufgaben in Religion«

Wütend kommt Paul von der Schule nach Hause. Als ob sie jeden Tag nicht schon genug Hausaufgaben aufbekommen. Er feuert seinen Ranzen in die Flurecke. Und jetzt gibt der Herr Pfarrer in Religion auch noch Hausaufgaben auf – und sogar noch schriftliche. Sie sollen einen Brief schreiben, weil bald Erntedankfest ist, einen Dankesbrief. Überlegen sollen sie, wem sie danke sagen können für die Früchte der Felder, die Früchte der Arbeit usw. Dann sollen sie z. B. dem Bauern einen Brief schreiben und sich bei ihm für seine Mühen bedanken und für die daraus entstandene Ernte. Sie sollen sich halt was einfallen lassen, hat er noch gesagt, der Herr Pfarrer. Immer schön bitte und danke sagen und dann ist die Welt in Ordnung für den Herrn Pfarrer. Aber nicht für Paul!

Kohlrabi und Wirsing mag Paul überhaupt nicht. Dafür kann er auch keinem Bauern danke sagen. Und für die Kartoffeln, aus denen die Pommes gemacht werden – ja, aber oh, Paul ist so wütend. Und für die Tomaten im Supermarkt, wem soll er da danke sagen? Soll er seinen Brief etwa bis nach Holland schicken? Hätte er heute doch nur in der Schule gefehlt; ein bisschen Bauchschmerzen hatte er ja schon heute morgen gehabt. Aber nun mit seiner Wut im Bauch droht dieser fast zu platzen. Einen Brief schreiben, an einen Bauern. Paul schreibt keine Briefe an Leute, die er nicht kennt und die ihn nicht kennen. Warum auch! Eine blödsinnige Hausaufgabe, danke sagen für die Früchte der Arbeit, der Felder und Äcker, danke für die Ernte, denkt Paul.

Paul weiß schon, was er ernten wird, wenn er die Hausaufgaben in Religion nicht macht. Der Herr Pfarrer wird ihm einen Strich in sein Notenbuch machen und mit seinem Klassenlehrer reden und der wird dann wieder mit Paul reden – lange, ernst und energisch. Und darauf hat Paul mindestens genau so wenig Lust wie auf diese blödsinnige Hausaufgabe.

Nein, er kennt keinen Bauern, keinen Großmarktbesitzer und die Verkäuferin aus dem Supermarkt würde sich eher auf den Arm genommen fühlen, wenn Paul ihr einen solchen Brief in die Hand drücken würde. Und das wollte er auf jeden Fall so tun. Sein Brief sollte einen echten Empfänger haben, der den Brief auch lesen kann. Einen Brief schreiben, nur um ihn dem Herrn Pfarrer in Religion vorzulesen, das ist albern.

Eins wusste Paul sicher, für diese Hausaufgabe war er ganz bestimmt nicht dankbar. Sie fiel ihm sogar schwerer als die Erdkundehausaufgaben. Nicht dass Paul nicht hätte danke sagen können, das war nicht das Problem. Er bedankte sich, wenn er etwas geschenkt bekam. Er sagte danke, wenn man ihm ein Kompliment machte. Aber einem Menschen danke sagen, für die Erntefrüchte, die dieser eingefahren hat, das war für ihn schon etwas anderes.

Paul überlegte fieberhaft. Er überlegte, dachte nach, schüttelte den Kopf, schimpfte in sich hinein und überlegte weiter. Schließlich schrieb Paul einen Brief. Am Abend gab er ihn seinen Eltern zu lesen – aber nicht damit diese nach den Fehlern schauen sollten, nein, der Brief war an sie adressiert und die Fehler waren Paul ganz egal. Paul schrieb von der blöden Hausaufgabe und dass er jemandem Danke sagen sollte für die Früchte seiner Arbeit und dass er wollte, dass seinen Brief auch wirklich jemand lesen wird. Und da war ihm eingefallen, dass er seinen Eltern danke sagen könnte für die Ernte ihrer Liebe – nämlich für sich selbst. Ja, und Paul war ja nun auch wirklich ein Früchtchen. Und mit ihm hatten die Eltern auch schon manch harte Arbeit geleistet. Und war er nicht das Ergebnis ihrer Liebe und ihrer Mühen, war er nicht ein Ernteertrag? Zumindest bedankte Paul sich an diesem Abend mit seinem Brief bei den Eltern, dass sie sich so lieb haben, dass es ihn gibt und natürlich dafür, dass sie ihn so lieb haben.

Dem Herrn Pfarrer wollte Paul am nächsten Tag verständlicherweise seinen Brief nicht vorlesen. Dazu war er viel zu persönlich. Der Herr Pfarrer glaubte natürlich nicht, dass Paul trotzdem seine Hausaufgaben gemacht hatte. Er vertrat die Meinung: Nicht da, ist nicht gemacht. Und er sagte, er würde Pauls Mutter anrufen müssen. Das aber war Paul nur recht.

4.19 Früchte der Arbeit

Thema:	*Erntedank*
Alter:	*ab ca.12 Jahre*
Personen:	*Gruppenarbeit*
Dauer:	*ca. 40 Minuten*
Material:	*Papier* *Stifte* *Plakatkarton in DIN A1-Format*
Vorbereitungen:	*Auf das Papier die Umrisse von Obstsorten aufmalen und ausschneiden, so dass pro Teilnehmer mindestens zwei Obststücke zur Verfügung stehen.* *Auf den Plakatkarton einen Baum zeichnen, der das ganze Plakat ausfüllt.*

Hinführung

Ausgangspunkt für diese Aktion ist die vielgehörte These, Erntedank sei in der Stadt überflüssig, da hier niemand mehr Früchte und Gemüse erntet.

Zum Erntedankfest siehe auch ausführlich unter 4.18.

Durchführung

- Die Teilnehmer äußern sich zu der oben beschriebenen These zunächst frei.
- Dann wird die Gruppe in Kleingruppen eingeteilt mit ca. 5 Teilnehmern.
- Die Kleingruppen erhalten folgenden Arbeitsauftrag: »In der Stadt sehen die »Früchte der Arbeit« anders aus als Tomaten und Kartoffeln. Überlegt, welche Früchte eure Arbeit oder die Arbeit von anderen bringt und notiert das auf die vorbereiteten Früchte:«
- Abschließend tragen die einzelnen Gruppen ihre Ergebnisse, die »Früchte ihrer Arbeit«, vor und heften sie an die Baumzeichnung.

4.20 Gewürzbrot

Thema:	*Erntedank*
	Brot
Alter:	*ab ca. 9 Jahre*
Personen:	*Einzel- und Gruppenarbeit*
Dauer:	*ca. 30 Minuten*
Backzeit:	*40 Minuten*
Material:	*Zutaten aus dem Rezept*
	evtl. Plakafarbe und Pinsel
	Erde
	Weizenkörner
Vorbereitungen:	*Zutaten besorgen und bereitlegen*

Hinführung

Bei diesem Vorschlag soll der Weg vom Korn zum Brot handelnd nachvollzogen werden. Das Backen des Gewürzbrotes bietet sich vor allem im Rahmen der Erntedankthematik an. Es kann aber auch gut als Abendmahlsbrot zu einer Gottesdienstfeier verwendet werden.

Durchführung

- Das Gewürzbrot wird gemeinsam in den Blumentöpfen gebacken und anschließend gegessen.
- Wenn die Töpfe leer sind, können sie bemalt werden. Dann werden sie mit Erde gefüllt.
- Jeder legt ein Weizenkorn hinein, damit wieder neues Korn wachsen kann.
- Wir beobachten das Wachsen des Korns in den darauffolgenden Gruppenstunden.
- So schließt sich anschaulich der Kreis vom Korn zum Brot.

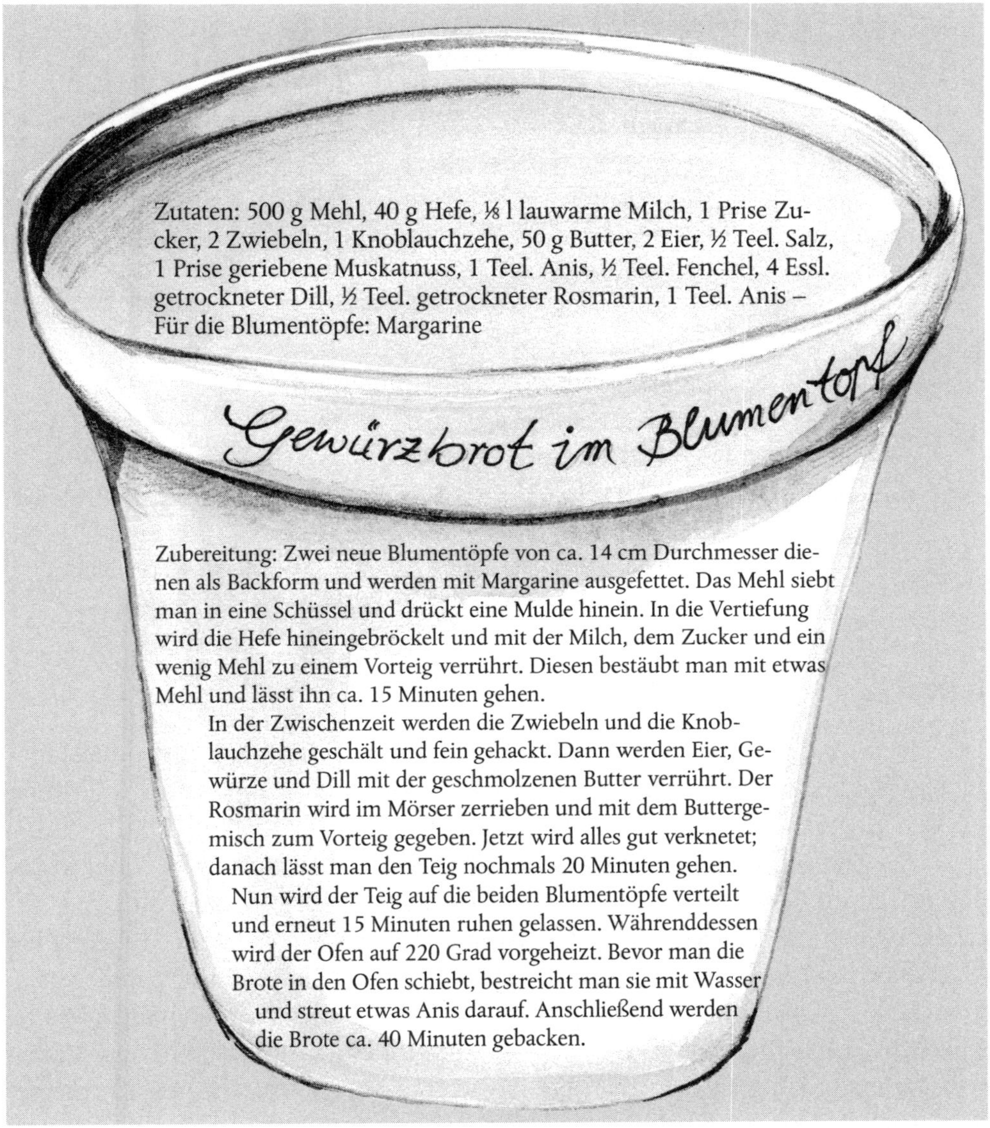

Gewürzbrot im Blumentopf

Zutaten: 500 g Mehl, 40 g Hefe, ⅛ l lauwarme Milch, 1 Prise Zucker, 2 Zwiebeln, 1 Knoblauchzehe, 50 g Butter, 2 Eier, ½ Teel. Salz, 1 Prise geriebene Muskatnuss, 1 Teel. Anis, ½ Teel. Fenchel, 4 Essl. getrockneter Dill, ½ Teel. getrockneter Rosmarin, 1 Teel. Anis – Für die Blumentöpfe: Margarine

Zubereitung: Zwei neue Blumentöpfe von ca. 14 cm Durchmesser dienen als Backform und werden mit Margarine ausgefettet. Das Mehl siebt man in eine Schüssel und drückt eine Mulde hinein. In die Vertiefung wird die Hefe hineingebröckelt und mit der Milch, dem Zucker und ein wenig Mehl zu einem Vorteig verrührt. Diesen bestäubt man mit etwas Mehl und lässt ihn ca. 15 Minuten gehen.

In der Zwischenzeit werden die Zwiebeln und die Knoblauchzehe geschält und fein gehackt. Dann werden Eier, Gewürze und Dill mit der geschmolzenen Butter verrührt. Der Rosmarin wird im Mörser zerrieben und mit dem Buttergemisch zum Vorteig gegeben. Jetzt wird alles gut verknetet; danach lässt man den Teig nochmals 20 Minuten gehen.

Nun wird der Teig auf die beiden Blumentöpfe verteilt und erneut 15 Minuten ruhen gelassen. Währenddessen wird der Ofen auf 220 Grad vorgeheizt. Bevor man die Brote in den Ofen schiebt, bestreicht man sie mit Wasser und streut etwas Anis darauf. Anschließend werden die Brote ca. 40 Minuten gebacken.

4.21 Martins Mantel

Thema:	*St. Martin (Legende)*
Alter:	*ab ca. 5 Jahre*
Personen:	*Gruppenarbeit*
Dauer:	*ca. 30 Minuten*
Vorlesedauer:	*ca. 4 Minuten*
Material:	*ein alter, evtl. roter Mantel oder ein roter Stoffumhang* *Klettband* *Nähgarn und Nähmaschine* *rote Filz-, Stoff- oder Samtreste* *doppelseitig klebendes Teppichband*
Vorbereitungen:	*Den alten Mantel der Länge nach durchschneiden und die beiden Teile mit aufgenähtem Klettband miteinander verbinden.* *Für die Weiterführung werden zusätzlich aus rotem Stoff kleine Stücke geschnitten und mit doppelseitigem Klebeband auf dem roten Mantel befestigt.*

Hinführung

Der Martinstag (St. Martin) wird am 11. November gefeiert. Auch in protestantischen Gegenden wird an diesen Traditionen festgehalten, da man am 10. November den Geburtstag von Martin Luther feiert.

Ausgangspunkt ist die Legende des heiligen Martin. Martin von Tours wurde 316 n. Chr. im heutigen Ungarn geboren. Sein Vater war ein hoher römischer Offizier. Und so trat auch Martin zunächst in die Armee ein. Nach der Legende hat Martin am Stadttor von Amiens mit einem frierenden Bettler seinen Mantel geteilt. Manche Menschen fragen, warum er dem Bettler eigentlich nur den halben Mantel gab. Aber der halbe Mantel hat genügt, um den Bettler zu wärmen, und Martin selbst musste dabei auch nicht frieren. Jesus hat gesagt: »Was ihr einem meiner geringsten Brüder getan habt, das habt ihr mir getan.« (Matthäus 25,40). In diesem Sinne war Martins Hilfe für den Bettler auch ein Liebesdienst für Jesus. Nach seiner Bekehrung zum Christentum in jungen Jahren quittierte er jedoch den Militärdienst und wurde Missionar, denn er wollte von nun an nur noch der Sache Jesu dienen und die christliche Lehre verkünden. 371 wurde er Bischof von Tours. Dort starb er auch im Jahre 397. Sein Grab befindet sich in der Kathedrale von Tours. Martin gilt als Patron der Schneider, Bettler und Kriegsdienstverweigerer.

Der wohl bekannteste Brauch rund um den Martinstag sind die Martins- bzw. Laternenumzüge, die sich aus Lichterprozessionen und Fackelzügen entwickelt haben. Bei Anbruch der Dunkelheit treffen sich die Kinder mit ihren meist selbstgebastelten Laternen. Sie ziehen dann durch die Straßen und singen Martinslieder. Als Martinsgeschenk gibt es heute meist eine Martinsbrezel. Früher gab es Bonbons, Schokolade, Äpfel und Nüsse für die Kinder.

Bekannt ist auch das sogenannte Martinshörnchen: Man sagt, Martin habe Wotans Mantel getragen. Ihm zu Ehren isst man am Martinstag die Martinshörnchen, deren Hufeisenform an das Pferd Wotans erinnern soll.

Oft wird auch ein Martinsfeuer angezündet, das beim Herunterbrennen übersprungen wird. In einigen Gegenden ist es üblich, dass vor jedem Haus ein kleiner Feuerstoß angezündet wird, so dass am Abend viele Lichter aufglühen: Martin hat durch seine Tat einen Lichtblick in das Leben des Bettlers gebracht, es wurde hell. In Erinnerung daran zünden wir am Martinstag die Laternen und die Martinsfeuer an.

Zur Zeit Karl des Großen schenkten die Klöster am Martinstag, der ein Zinstag war, Martinswein an die Bevölkerung aus. Häufig wechselten an »Martini« die Mägde und Knechte ihre Stellung, die Bauern zahlten ihre Pachtgelder und die Pachtverträge begannen oder endeten an diesem Tag. Die Korn- und Weinernte wurde am 11. November beendet, der als Winteranfang galt.

Für viele Kinder ist der Martinstag der Auftakt zur Weihnachtszeit. Am 11. November verschwinden auch die Gespenster, die an Allerheiligen erschienen sind, wieder. Auf jeden Fall ist der 11. November auch der Auftakt zum Karneval. Die Elf gilt als närrische Zahl.

Zum Brauchtum der Martinsgänse siehe unter 4.22.

Durchführung

- Der Gruppenleiter legt den Mantel in die Kreismitte.
- Die Kinder stellen Vermutungen an, worum es sich handelt (Stoff, Mantel, Umhang …).
- Ein Kind versucht vielleicht ihn überzuziehen.
- Die Frage, wozu man einen Mantel braucht, schließt sich an.
- Der Leiter nimmt nun den Mantel und reißt ihn entlang des Klettbandes in zwei gleichgroße Stücke.
- Die Kinder äußern sich spontan; sie überlegen, ob man den Mantel nun immer noch anziehen kann. Zwei Kinder probieren es.
- Erst dann erzählt der Gruppenleiter die Geschichte von St. Martin.
- Die Kinder versuchen sich in die Personen einzufinden: »Stell dir vor, du bist St. Martin und siehst den frierenden Bettler.« – »Stell dir vor, du bist der Bettler.

Da kommt ein Mann und schneidet seinen Mantel mittendurch, um dir zu helfen.«

- Im Anschluss kann die Geschichte nachgespielt werden.

Weiterführung

Jedes Kind, das zum Ausdruck bringen möchte, dass es auch bereit ist zu teilen, darf sich ein Stoffstück vom Mantel abtrennen und an die eigene Kleidung kleben. Bestimmt werden die Kinder in den nächsten Tagen auf ihr Stoffstück angesprochen und können dann die Bedeutung erklären. In einer weiteren Gruppenstunde sollte über die gemachten Erfahrungen mit dieser Aktion gesprochen werden. Außerdem wird darüber gesprochen, was man in dieser Zeit mit anderen tatsächlich geteilt hat, z.B. Zeit etc.

Geschichte »Sankt Martin« (Erzählvorschlag)

Bitterkalt ist es und schon Abend. Trotzdem reitet Martin noch einmal mit seinem Schimmel hinaus. Er ist ein leidenschaftlicher Reiter. Der Boden ist schon fast gefroren vor Kälte und so klappern die Hufe des Pferdes durch die grimmig kalte Luft. Martin zieht seinen Mantel fester um sich; ein scharfer Wind weht ihm ins Gesicht. Auf einmal sieht er schemenhaft eine Gestalt am Boden kauern. Als er näher kommt, sieht er einen Bettler am Wegrand sitzen. Der Bettler zittert wie Espenlaub am ganzen Körper, denn er hat nur ein dünnes Hemdchen an und ist schon fast erfroren. Als er das Geklapper der Pferdehufen hört, hebt er langsam seinen Kopf und schaut Martin ängstlich und betrübt an. Martin hat längst sein Pferd gestoppt und überlegt, wie er dem alten Bettler helfen könne. Ein Silberstück hat er nicht dabei. Plötzlich zieht Martin sein Schwert heraus, streift sich seinen Mantel von den Schultern und teilt diesen in der Mitte auseinander. Die eine Hälfte reicht er dem Bettler, die andere legt er sich selbst um. Dann reitet Martin davon.

In der Nacht hat er einen Traum: Derselbe Bettler kommt zu ihm, über einen Arm hat er die Hälfte von Martins Mantel gelegt. Er zeigt Martin seine Nägelwunden an den Händen und sein Gesicht schaut nicht mehr betrübt und ist jung. Jesus teilt ihm mit, er selber sei der Bettler gewesen. Da erinnert sich Martin an die Jesusworte: »Was ihr einem meiner geringsten Brüder getan habt, das habt ihr mir getan.« Martin staunte über Gottes Fügung und ließ sich taufen.

Einige Menschen hörten davon, was Martin getan hatte. Sie wollten Martin zum Bischof von Tours haben; Martin aber wollte diese Würde nicht annehmen. Er versteckte sich in einem Gänsestall. Doch als man ihn suchte, schnatterten die Gänse so laut und wild durcheinander, dass sie damit Martin verrieten. Aus dieser Legende hat sich bis heute das Brauchtum erhalten, am Martinstag einen Gänsebraten zu essen.

4.22 Martinsgans

Thema: *St. Martin*
Brauchtum

Alter: *ab ca. 5 Jahre*

Personen: *Einzel- und Gruppenarbeit*

Dauer: *ca. 30 Minuten*

Vorlesedauer: *ca. 3 Minuten*

Material: *eine gelbe Serviette*
gelbes Tonpapier im DIN A4-Format
einen Apfel oder zur Kugel geknülltes Papier
gelbes Geschenkband oder festen Zwirn
Wachs-, Holz- oder Filzstifte
Schere
Klebstoff

Vorbereitungen: *Die Kopiervorlagen entsprechend der Teilnehmerzahl kopieren, das benötigte Material bereitlegen.*

Hinführung

Zum Brauchtum rund um St. Martin gehört auch die Tradition der Martinsgans, die auf folgende Legende zurückgeht: Martin soll sich in einem Gänsestall versteckt haben, als ihn die Bewohner der Stadt Tours zum Bischof machen wollten. Aus Bescheidenheit wollte er dieses Amt nicht annehmen. Man hat Martin dann aber doch aufgespürt. Das aufgeregte Schnattern der Gänse hatte ihn nämlich verraten. So wurde Martin 371 Bischof von Tours. Und so wird traditionell am Martinstag ein Gänsebraten gegessen. Früher war es oft die letzte Gelegenheit sich vor dem großen Fasten vor Weihnachten noch einmal so richtig satt zu essen.

Seit dem 6. Jahrhundert begann nämlich am Martinstag ein 40-tägiges Adventsfasten, das bis Weihnachten andauerte. Im 11. Jahrhundert hat man diese Fastenzeit allerdings auf die vier Adventswochen beschränkt.

Ein weiterer Brauch rankt sich ebenfalls um die Gans. In vielen Gegenden gilt St. Martin ebenso wie der Nikolaus als Gabenbringer. Er brachte vor allem Gebäck oder Brote. Dabei war die Form der Gans für die Backwaren besonders begehrt.

Mit der Geschichte von der Martinsgans werden die Kenntnisse über das Brauchtum vom 11. November erweitert, der Bastelvorschlag unterstreicht den Legendeninhalt. Durch das Basteln wird versucht »Brauchtum zu gestalten« und damit ein mehr als nur kognitiver Zugang zum Thema ermöglicht.

Die Gänse sind auch als Martinsgabe – gefüllt mit einem Apfel – ein originelles Geschenk. Wer grundsätzlich Bedenken gegen das Basteln mit Naturalien hat, knüllt Papier auf Apfelgröße und füllt die Gans damit.

Durchführung

- Die aufgefaltete Serviette wird straff um den Apfel (bzw. die Papierkugel) gelegt und knapp über dem Apfel mit Bindfaden abgebunden; diesen Teil der Serviette bauschig auseinander zupfen.
- Die Füße, die Flügel und der Kopf werden entsprechend der Kopiervorlage auf gelbes Papier übertragen, ausgeschnitten und – wie aus der Zeichnung ersichtlich – an den Grundkörper angebracht.
- Die beiden Kopfteile werden bis zur gestrichelten Linie aneinander geklebt und unten auseinander gefaltet.
- Die so entstandene Fläche mit Klebstoff bestreichen und an dem Grundkörper befestigen.
- Wer möchte, klebt der Gans noch eine Spruchblase in den Schnabel.

2×
2×
1×

4.23 Grüße

Thema:	*Geburtstag*
	Grüße
Alter:	*ab ca. 8 Jahre*
Personen:	*Einzel- und Gruppenarbeit*
Dauer:	*ca. 40 Minuten*
Vorlesedauer:	*ca. 5 Minuten*
Material:	*ein leeres Paket*
	Packpapier
	Kopie der Geschichte
	Paketschnur
	pro Kind eine Kopie der Blüte (Kopiervorlage siehe unter 4.2)
	Scheren
	Stifte
	evtl. Schüssel mit Wasser
Vorbereitungen:	*Der Gruppenleiter kopiert die Geschichte »Pit hat Geburtstag«; er rollt das Blatt zusammen und bindet die Rolle mit Paketschnur zusammen.*
	Danach legt er die Geschichtsrolle ins Paket, das er mit Paketpapier umwickelt und mit der Schnur zubindet.
	Die Blüten werden auf normales, evtl. buntes, Kopierpapier kopiert.
	Er stellt einen Stuhlkreis.

Hinführung

An seinem Geburtstag feiert man jährlich die Wiederkehr des Tages, an dem man geboren wurde.

Im Christentum wurden Geburtstagsfeiern bis ins 4. Jahrhundert hinein allerdings als heidnischer Brauch abgelehnt und missbilligt. Das lag vor allem an der Art, wie die Geburtstage in der heidnischen Antike gefeiert wurden. Zum Geburtstag des Kaisers wurden z.B. Umzüge veranstaltet, öffentliche Gelage abgehalten und Tierhetzen inszeniert, die die Christen als abstoßend und tierfeindlich betrachteten.

Eine andere Erklärung ist die, dass in der Bibel nicht eine einzige Geburtstagsfeier erwähnt wird. Die Geburtstage der Personen in der Heiligen Schrift sind uns nicht einmal genau bekannt bzw. es findet sich nirgends eine Erwähnung, dass aus Anlass dieses Tages ein Fest gefeiert wurde. Wir wissen nicht einmal, wann Jesus geboren wurde; wir wissen nur, dass es *nicht* am 24. Dezember war.

Trotz der ablehnenden Haltung im frühen Christentum erinnert einiges, was heute bei Geburtstagsfeiern gebräuchlich ist, an religiöse Riten: Die Geburtstagskerzen gehen z.B. auf die Griechen zurück. So soll man auf die Altäre der Göttin Artemis, der Göttin der Jagd, des Mondes und der Fruchtbarkeit Honigkuchen mit brennenden Kerzen gestellt haben. Brennende Kerzen auf den Altären von Göttern oder Opferfeuer hatten immer eine mystische Bedeutung. Heute werden den Kerzen magische Kräfte zur Erfüllung von Wünschen zugesprochen. Deshalb darf sich vielerorts das Geburtstagskind auch ganz fest in Gedanken etwas wünschen, anschließend soll es möglichst auf einmal alle Kerzen auf dem Geburtstagskuchen ausblasen. Der Volksglaube sagt, wenn dies dem Geburtstagskind gelinge, gehe sein Wunsch in Erfüllung.

In einigen Familien ist es üblich, dass der Jubilar morgens bereits mit einem kleinen Ständchen geweckt wird. Oftmals findet das Geburtstagskind einen feierlich geschmückten und mit Geschenken belegten Frühstückstisch vor. Dabei kann sich sein Platz deutlich von dem anderer Familienmitglieder abheben, indem z.B. eine Blumen- oder Blätterranke um den Teller des Geburtstagskindes gelegt ist. Einige stellen auch einen eigenen, besonders hübsch dekorierten Geburtstagstisch auf, auf dem die Geschenke abgelegt werden.

Außer Glückwünschen und Geschenken gehört der Geburtstagskuchen, die Geburtstagskerze und eine kleine Feier für die meisten von uns untrennbar zum Geburtstag dazu. Traditionell war der Napfkuchen der Geburtstagskuchen; in ihn wurden entsprechend der Lebensjahre des Geburtstagskindes Kerzen gesteckt. Ursprünglich sollten mit den Kerzen die Dämonen vom Geburtstagskind abgehalten werden und eine Zukunft in Sicherheit beschert sein. Viele zünden auch ihre Taufkerze am Geburtstag als »Lebenslicht« an.

Durchführung

- Der Gruppenleiter stellt das Paket in die Kreismitte.
- Die Kinder äußern sich zu dem Paket. An welche Feste erinnert ein solches Paket? Zu welchen Anlässen schenken wir uns etwas?
- Was könnte in dem Paket verpackt sein?
- Der Gruppenleiter gibt das Paket herum. Die Kinder dürfen daran schütteln und riechen; sie äußern ihre Vermutungen.
- Dann darf das Paket geöffnet werden.
- Der Gruppenleiter liest die Geschichte »Pit hat Geburtstag« vor.
- Gemeinsam überlegt die Gruppe, auf welche Art der einzelne an seinem Geburtstag den Eltern danke dafür sagen kann, dass er geboren wurde.
- Danach schneidet jedes Kind eine Blüte aus.
- In die Blüte schreibt es ein Dankeschön an die Eltern.
- Die Blütenblätter werden bis zur gestrichelten Linie nach innen gefaltet.

- Jedes Kind nimmt seine Blüte mit nach Hause. Zu Hause füllt es eine Schüssel mit Wasser und setzt die Blüte im Beisein der Eltern auf das Wasser.
- Während sich die Blüte langsam im Wasser öffnet, erzählt das Kind von der Geschichte und dem, was in der Gruppenstunde besprochen wurde, damit die Eltern auch wissen, was es mit der Blüte und dem Dank an sie auf sich hat.

Alternative 1

In der Gruppe wird überlegt, welche Wünsche man dem Jubilar außer dem traditionellen »Alles Gute zum Geburtstag« noch überbringen kann. Jedes Gruppenmitglied schreibt seinen Wunsch in eine vorgefertigte Blüte und faltet die Blütenblätter entlang der gestrichelten Linie nach innen. Der Jubilar bekommt diesen »Blumenstrauß« von guten Wünschen. Nach und nach kann er die Blüten in eine mit Wasser gefüllte Schale legen, um so die Wünsche lesen zu können. Die nasse Blüte kann aus dem Wasser geholt und noch feucht an die Fensterscheibe »geklebt« werden. So sind die Wünsche noch einige Tage sichtbar.

Alternative 2

Den Kindern soll deutlich gemacht werden, wie sehr sich die Eltern über die Geburt ihres Kindes freuen. Dazu kann man vor der Gruppenstunde die Eltern bitten, ihre Gedanken und Gefühle aufzuschreiben, die sie während der Schwangerschaft und kurz nach der Geburt hatten. Evtl. formulieren die Eltern ihre Texte als Briefe an ihre Kinder.

Hinweis

Die Geburtstagsblüten eignen sich auch hervorragend zum Einsatz für eine Stilleübung. Der Gruppenleiter schreibt vorher in eine oder mehrere Blüten einen Wunsch oder eine Botschaft an die Gruppe in die Blüten. Die Kinder beobachten gespannt, wann sich welche Blüte öffnet und welche Nachricht sie enthält.

Geschichte »Pit hat Geburtstag«

In zwei Tagen hat Pit Geburtstag. Klar freut er sich auf diesen Tag. Er kennt niemanden unter seinen Freunden, der sich nicht auf den eigenen Geburtstag freut. Seit Wochen schon redet Pit von nichts anderem mehr. Er denkt an die Geschenke und die Geburtstagsfeier. Er kann den Geburtstag kaum noch abwarten. Seine Mutter hat zu ihm gesagt: »Noch zweimal schlafen, dann ist es soweit!« Aber da hat Pit sich wie ein kleines Kind behandelt gefühlt. Dabei wird er doch übermorgen schon sieben.

Voll Spannung überlegt er, ob er wohl die Rollerblades, den Gameboy, das ferngesteuerte Boot oder die Handy-Attrappe bekommt. Irgendwo hat er mal gehört, dass es am Geburtstag ja nicht nur um die Geschenke ginge. Pit denkt nach. Wenn er ehrlich ist, und das möchte er ja sein, geht es ihm schon um die Geschenke. Nicht nur, nein, aber doch in erster Linie.

Pit überlegt. Wer sich das wohl ausgedacht hat mit den Geburtstagsgeschenken? Man muss einfach nur von einem Geburtstag zum nächsten Geburtstag warten und schon gibt es wieder Geschenke, ohne dass man etwas dazu tun muss – einfach nur weil man da ist und weil sich die anderen darüber freuen. In der Schule singen sie, wenn jemand Geburtstag hat, das Lied »Wie schön, dass du geboren bist, wir hätten dich sonst sehr vermisst …«

Pit freut sich auch, dass es ihn gibt, dass er in dieser Welt lebt. Aber dafür kann er nichts oder nur sehr wenig. Er weiß, dass zum Kinderkriegen ein Mann und eine Frau gehören und dass die Frau das Kind auf die Welt bringt. Ohne seine Eltern könnte er in zwei Tagen also überhaupt keinen Geburtstag feiern. Eigentlich, überlegt Pit, müsste er doch dann seinen Eltern an seinem Geburtstag danke sagen, dafür dass es ihn gibt. Eigentlich müsste er dann ihnen an seinem Geburtstag eine kleine Freude machen, etwas schenken. Pit fragt sich, ob er denn nun die Geschenke seiner Eltern überhaupt noch annehmen darf. Anderseits – auf die Rollerblades will er auf keinen Fall verzichten.

Aber Pit kommt eine Idee. Er wird ganz einfach den Eltern zu seinem Geburtstag auch ein kleines Geschenk machen. Und so malt er ein richtiges Geburtstagsbild. Darauf sieht man seine Mama und seinen Papa vor einem Krankenhaus stehen. Seine Mama hält ein kleines Baby, ihren Pit, auf dem Arm. Aus rotem Glanzpapier klebt er einen Rahmen für das Bild zusammen. Darauf schreibt er: Danke, dass ich da bin!

Und so gibt es zwei Tage später eine Überraschung für die Eltern. Aber diese hatten neben den Rollerblades und dem Gameboy auch noch eine richtige Geburtstagsüberraschung für ihn. Pit wird bald eine Schwester bekommen. Schön, wenn sie da ist, denkt Pit.

4.24 Geburtstag

Thema:	*Geburtstag*
	Wünsche
Alter:	*ab ca. 8 Jahre*
Personen:	*Einzel- und Gruppenarbeit*
Dauer:	*ca. 25 Minuten*
Vorlesedauer:	*ca. 3 Minuten*
Material:	*Papier*
	Stifte
	evtl. einen Folienstift
Vorbereitungen:	*keine*

Hinführung

Siehe unter 4.23.

Durchführung

- Der Gruppenleiter liest die Geschichte »Der Geburtstagsgruß« vor.
- In der Gruppe tauschen sich die Teilnehmer darüber aus:
- Was machen wir mit den Geburtstagskarten, die wir bekommen?
- Über welche Glückwünsche haben wir uns besonders gefreut?
- Welche Karten bewahren wir auf?
- Wie könnte der Geburtstagsgruß aussehen, den Lars formuliert?
- Jeder schreibt den Entwurf einer Karte an Tante Julia, so wie Lars sie hätte schreiben können.
- Danach werden die Glückwunschkarten vorgelesen. Was unterscheidet die Texte von üblichen Glückwunschkarten zum Geburtstag?

Hinweis

Wenn ein Gruppenmitglied Geburtstag hat, ist es eine hübsche Idee, ihm einen großen, aufgeblasenen Luftballon zu schenken, auf dem alle Gruppenmitglieder mit einem Folienstift unterschreiben.

Siehe hierzu auch den Hinweis unter 4.6.

Geschichte »Der Geburtstagsgruß«

»Lars, denkst du daran, dass Tante Julia nächsten Sonntag Geburtstag hat?« fragte Mama ihn.
»Klar denke ich daran, wie meinst du das?«
»Na, wir müssen ihr wenigstens eine Karte schreiben.«
»Wir müssen?«
»Na ja, müssen nicht, aber wir sollten es der Höflichkeit halber tun.«
»Und wir heißt dann bestimmt wieder ich«, fragte Lars halbherzig nach.
»Mmh«, sagte Mama kleinlaut. »Erstens hast du die schönere Schrift und immerhin ist es ja auch deine Tante.«
»Okay«, versuchte Lars die Diskussion abzukürzen, »ich schreibe, aber du sagst mir, was ich schreiben soll.«
Mama überlegte kurz: »Schreib doch einfach, was du immer so auf Geburtstagskarten schreibst: Herzlichen Glückwunsch, alles Gute und Liebe.«
»Wie ich das hasse!« Lars wurde ärgerlich »Lauter Floskeln auf Karten, die der Empfänger doch gleich in den Müll wirft. Solche Karten bräuchte der Absender gar nicht erst schreiben, sie sind so nichts sagend – eben wirklich nur der Höflichkeit halber geschrieben.«
»Aber Lars«, versuchte Mama ihn zu besänftigen, »so sind nun mal Geburtstagskarten.«
»Nein,« sagte Lars, »die Geburtstagskarten sind bunt, mit fröhlichen Motiven. Die Menschen, die sie schreiben, sind fade.«
»Dann schreib halt, was du denkst«, erwiderte Mama und ging in die Küche.
Ende der Diskussion. Aber Lars wusste nicht, was er denken sollte.
Natürlich sollte seine Tante Julia einen Geburtstagsgruß bekommen. Sie bekam jedes Jahr einen Gruß von Mama und ihm zum Geburtstag. Aber eben war ihm klar geworden, dass es nicht der übliche Glückwunsch sein durfte. Und auch wenn er ihr Gesundheit wünschte, wäre ihm dieser Text in diesem Jahr nicht recht. Tante Julia sollte anhand der Karte nicht nur sehen, dass er und Mama sie nicht vergessen haben, sondern auch, dass sie sich ernsthafte Gedanken gemacht haben. Und damit begann Lars nun: Er machte sich Gedanken über die Geburtstagsgrußkarte für seine Tante Julia.

5. Wir sind ein Leib

Ich und Du

5.1 Ich-Männchen

Thema:	*Ich stelle mich vor* *Wer bin ich,* *was mag ich?*
Alter:	*ab ca. 7 Jahre*
Personen:	*Einzel- und Gruppenarbeit*
Dauer:	*ca. 30 Minuten*
Material:	*Schere* *Klebstoff* *Farbstifte* *ein beliebiges Band zum Aufhängen*
Vorbereitungen:	*Kopiervorlagen entsprechend der Teilnehmerzahl kopieren* *benötigtes Material bereitlegen*

Hinführung

Das Ich-Männchen ermutigt, sich selbst und andere zu entdecken und bewusster zu erleben.

Das Kind erfährt, dass jeder Mensch bestimmte Fähigkeiten und Eigenschaften hat. Die Reflexion, was wäre, wenn ich nicht ich selber wäre, führt zu dem Schluss, dass jeder unverwechselbar er selber ist.

Die Frage nach dem Ursprung alles Lebens und damit nach Gott kann geweckt werden und führt zu der Erfahrung, dass jeder Einzelne ein einmaliges Geschöpf Gottes ist.

Das Nachdenken über sich selbst und das Aufmerksamwerden auf andere sollten über die Aussage »Das bin ich« auch die Zusage beinhalten: »Ich akzeptiere mich so, wie ich bin; ich werde auch von anderen angenommen.« Wir können nicht in die Haut eines anderen schlüpfen, und eigentlich wollen wir das auch nicht.

Das Ich-Männchen fordert das Nachdenken über sich selbst, und wenn es darüber hinaus zu einem intensiven Kennenlernen kommen soll, auch die Bereitschaft, sich anderen mitzuteilen, persönliche Daten preiszugeben.

Bereits während der Bastelarbeit lernen die Kinder, auf sich selbst zu achten und über sich zu sprechen. »Das bin ich.« Auch Namen werden ansatzweise in ihrer Bedeutung erfasst; sie begleiten uns ein ganzes Leben.

Nachdem das Ich-Männchen von den Kindern fertiggestellt wurde, besiegeln sie ihre Angaben mit ihrem Daumenabdruck – auch ein persönliches und unverwechselbares Zeichen.

Zunächst trägt jedes Kind sein Männchen als »Erkennungszeichen« um den Hals, später schmücken alle Männchen, auf eine Wäscheleine gehängt, den Raum.

Durchführung

- Die beiden Teile der Kopiervorlage werden ausgeschnitten, beschriftet, bemalt und mit dem Daumenabdruck versehen.
- Das Band wird doppelt gelegt und mit den beiden offenen Enden nach unten zwischen die beiden Kopfteile geklebt, die dann zusammen geklebt werden.
- Nun kann das Ich-Männchen im Gruppenraum aufgehängt werden.

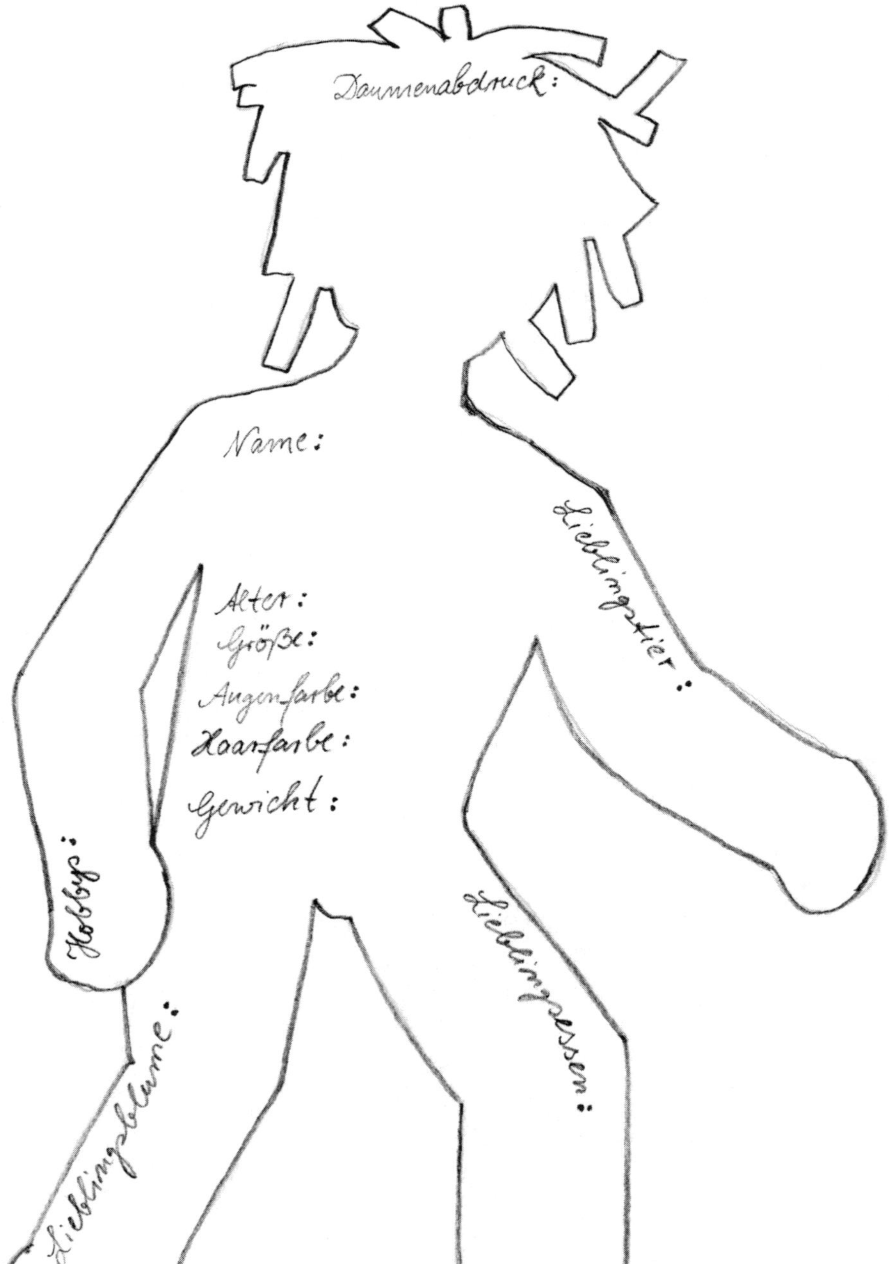
Daumenabdruck:
Name:
Alter:
Größe:
Augenfarbe:
Haarfarbe:
Gewicht:
Lieblingstier:
Hobbys:
Lieblingsessen:
Lieblingsblume:

5.2 Ich-kann-Anstecker

Thema:	*Ich kann viele Dinge* *Hobbys, Stärken, Fähigkeiten*
Alter:	*ab ca. 6 Jahre*
Personen:	*Einzel- und Gruppenarbeit*
Dauer:	*ca. 40 Minuten*
Material:	*festes Papier oder Pappe im DIN A4-Format* *Schere* *Klebstoff* *Farbstifte* *Sicherheits- oder Dekornadel*
Vorbereitungen:	*Kopiervorlagen entsprechend der Teilnehmerzahl kopieren* *benötigtes Material bereitlegen*

Hinführung

Der Ich-kann- bzw. Ich-mag-Anstecker dient als Kennenlern- und Interaktionsübung. Er ist eine Hilfe, mit den anderen/der Gruppe vertraut zu werden. Der bloße Name eines Kindes wird zugleich mit Inhalten gefüllt, mit Vorlieben und Fähigkeiten verbunden und hilft, Fremdheit zu überwinden. Über die Feststellung gleicher Interessen wird die Kontaktaufnahme erleichtert und eine erste soziale Vertrautheit erreicht. Vom einzelnen verlangt diese Bastelarbeit das Nachdenken über sich selbst. Es fördert die Fähigkeit der Selbstwahrnehmung und -einschätzung. Nicht allen Kindern fällt es leicht, von sich vor anderen zu erzählen.

Die Themen »Ich kann vieles tun/vieles mag ich« können sinnvoll mit den Themen »Miteinander leben«, »Ich und die Gruppe« und »Wir lernen uns kennen« verbunden werden.

In einem Rundgespräch, dem ein Kennenlernspiel vorausgegangen ist, erzählen die Kinder, was sie besonders gerne, gut oder häufig tun. (Sprach-)Gehemmteren Kindern hilft z. B. die Bildvorlage, von sich zu erzählen; Kinder mit gleichen Vorlieben gesellen sich dazu. Eine intensive Kennenlern- und Vorstellungsrunde hat begonnen. Bei der Herstellung der Anstecker-Blume wählen die Kinder dann die Bilder aus, zu denen sie etwas von sich erzählen können, oder gestalten ihre Blütenblätter selbst.

Der Blick auf den fertiggestellten Anstecker hilft, z. B. den Spielpartner für die Pause zu finden. Durch das Tragen der Anstecker wird die Zugehörigkeit zu einer Gemeinschaft dokumentiert. Die Idee kann auch zu einer Gemeinschaftsarbeit ausgeweitet werden; eine große Blüte entsteht unter dem Thema: Was wir gut können/gerne mögen.

Durchführung

- Entsprechend der Kopiervorlage übertragen die Kinder die Blütenform auf festes Papier und schneiden sie aus.
- Der Blütenkreis kann durch ein Stück Pappe auf der Rückseite verstärkt werden.
- Mit den selbstgestalteten oder ausgewählten Blütenblättern wird die Blüte beklebt und dann leicht über einen Holzstift nach innen gerollt, damit die Form plastischer wird.
- Die Kinder schreiben ihren Namen in die Mitte und befestigen eine Nadel an der Blume, die nun angesteckt werden kann.
- Sie stellen den anderen ihre ausgewählten Begabungen vor.

Sie singen das Lied »Wenn einer was kann«.

Alternative

- Das Lied kann zunächst auch für sich betrachtet werden; erst dann schließt sich die Bastelarbeit an. Dazu empfiehlt sich folgende Möglichkeit:
- Der Gruppenleiter hält entsprechend des Liedtextes Karten mit einem aufgemalten, Mund, einer Nase, einem Ohr, den Füßen usw. bereit.
- Die Gruppe wird in Kleingruppen eingeteilt.
- Jede Gruppe erhält eine oder mehrere Bildkarten.
- Sie sollen überlegen, was man mit dem, was auf ihren Karten abgebildet ist, alles tun kann, es ausprobieren und später den anderen Gruppen vorstellen.
- Die Gruppe lernt das Lied kennen und singt es gemeinsam.

Hinweis

Der »Ich-kann-Anstecker« kann auch mit der Bastelarbeit »Ich-Männchen« (siehe unter 5.1) kombiniert werden.

Wenn einer was kann, dann kann er was

M. u. T.: Krischan Johannsen
aus: Ein Besuch in Ajoya

2. Mit dem Mund da kann ich singen,
kann Dir gute Nachricht bringen. Ja …
Meine Nase kann gut riechen,
auf dem Bauch da kann ich kriechen.
Ja …

3. Auf dem Rücken kann ich liegen,
seh am Himmel Wolken fliegen. Ja …
Meine Ohren hören gut,
Dich zu hören macht mir Mut. Ja …

4. Mit den Füßen kann ich gehen
und an Deiner Seite stehen. Ja …
Meine Hände können greifen,
kann sie Dir zur Hilfe reichen. Ja …

5. Mit dem Herzen kann ich beten,
kann mit Gott dem Herren reden,
und von Jesus kann ich lernen:
Gott hat alle Menschen gerne.
Ja, das lern' ich.

Hinweis

Wer Lust hat, kann weiterdichten oder zu den einzelnen Strophen entsprechende Bewegungen machen oder Zwischenverse singen oder den Rhythmus ändern …

Jochen

5.3 Blindsein

Thema:	*Blindsein*
	Blindenschrift
Alter:	*ab ca. 7 Jahre*
Personen:	*Einzel- oder Gruppenarbeit*
Dauer:	*ca. 20 Minuten*
Material:	*festes Papier oder Pappe in DIN A6-Format*
	eine dicke Stopfnadel
	Blindenalphabet
Vorbereitungen:	*Vorlage des Blindenalphabets wird entsprechend der Anzahl der Kinder kopieren*

Hinführung

Durch diese Bastelarbeit soll der Begriff »mit den Händen sehen« inhaltlich gefüllt und nachvollzogen werden. Die Frage, wie kann ich mir ohne Augen helfen, führt uns zu der Nase, den Händen, dem Lesen mit den Fingern.

Sich in das Leiden eines Menschen hinein zu versetzen, fällt uns sogenannten gesunden Menschen meist sehr schwer. Deshalb soll der Versuch, sich in eine andere Person hinein zu fühlen, unterstützt werden durch das Nacherleben bzw. Miterleben der Situation. Denn erst, wenn die Kinder selbst einmal mit verbundenen Augen versucht haben, anhand erhabenen Punkten auf dem Papier etwas zu erlesen, werden sie über die Betroffenheit hinaus mehr Verständnis für die Situation blinder Menschen entwickeln können. Über die Frage, was für uns Krankheit und Gesundheit bedeuten, können Möglichkeiten des Zusammenlebens bedacht werden. Den Kindern kann bewusst werden, dass sinnvolles Leben trotz schwerer Behinderung möglich ist.

Mit Hilfe des Blinden-Alphabets können die Kinder ihren Namen in eine kleine Karte aus Tonkarton stechen oder aber auch kleine Bilder gestalten.

Durchführung

- Mit der Stopfnadel werden die Punkte von unten durch die Karte gestochen, damit die erhabenen Stellen auf der Vorderseite mit den Fingern erspürt werden können.
- Bei kleineren Kindern sollte man die zu durchstechenden Punkte vorher auf der Rückseite aufzeichnen oder von den Kindern selbst aufmalen lassen.

Alternative

Die Bastelarbeit kann auch im Rahmen der Bartimäusgeschichte fertiggestellt werden. Dann empfiehlt es sich einen Kernsatz aus dieser Geschichte auf die Karte zu stechen.

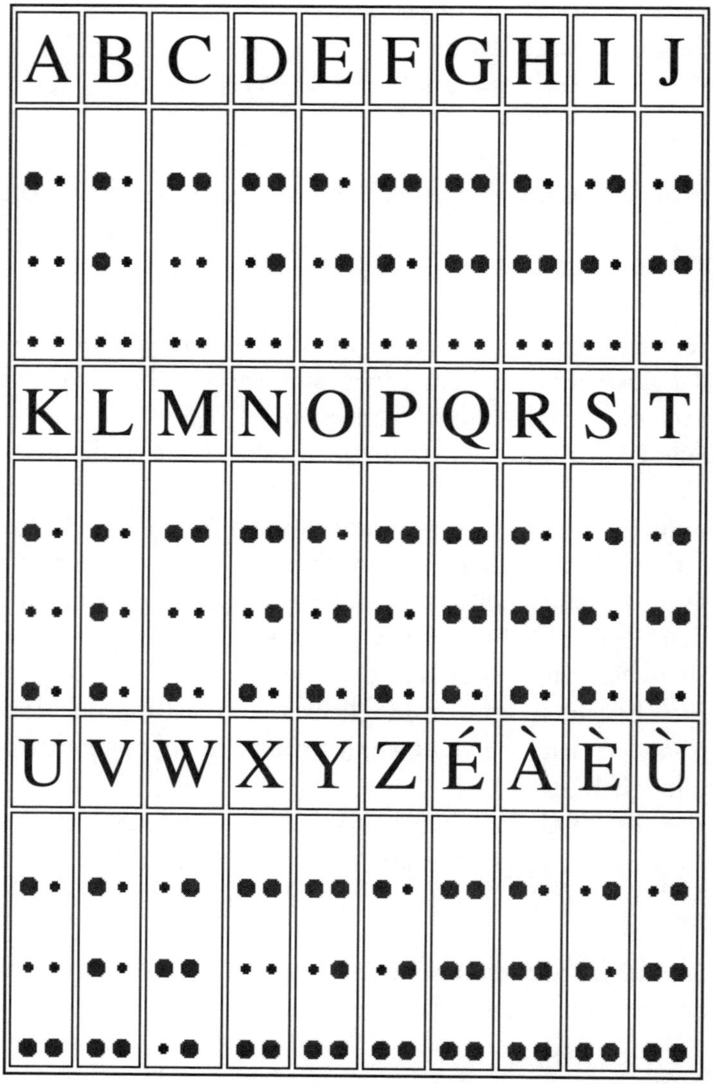

5.4 Wir lösen (d)ein Problem

Thema: *Problemlösungen*
Alter: *ab ca. 11 Jahre*
Personen: *Gruppenarbeit*
Dauer: *je nach Anzahl der zu klärenden Probleme verschieden*
Material: *drei Stühle*
Vorbereitungen: *drei Stühle werden nebeneinander vor die Gruppe gestellt*

Hinführung

Zu einem aktuellen Thema oder einer Fragestellung ist ein Problem aufgetaucht oder ein Kind trägt schon längere Zeit ein Problem mit sich herum und berichtet von einer für es persönlich schwierigen Situation.

Durchführung

- Derjenige, der seine Schwierigkeit darstellt, setzt sich auf den mittleren Stuhl.
- Nun haben zwei Gruppenmitglieder die Möglichkeit, dem Betroffenen ihre Hilfe anzubieten. Sie setzen sich nacheinander auf die Stühle links und rechts neben den Fragenden und tragen ihre Ideen und Lösungsmöglichkeiten vor.
- Dieser überlegt, welches Hilfsangebot er akzeptieren könnte und verlässt mit diesem Partner die Stuhlreihe.
- Kann der Hilfesuchende sich mit keiner der vorgetragenen Lösungen anfreunden, so sagt er dies und beide Helfer müssen die Stühle wieder frei machen für weitere Vorschläge aus der Gruppe.
- Am Ende sollte ein Austausch darüber stehen, wie es den Beteiligten mit den Hilfestellungen ging, wo sie sich andere Formen der Hilfe erwünscht hätten, wo sie sich noch mit ihrer Fragestellung allein gelassen fühlen.

5.5 Die Litfaßsäule

Thema: *Wünsche*
Gefühle
Alter: *ab ca. 9 Jahre*
Personen: *Einzel- und Gruppenarbeit*
Dauer: *ca. 40 Minuten*
Material: *Plakatkarton im DIN A4-Format*
Plakatkarton im DIN A5-Format
Zeitschriften, Zeitungen
Schere
Klebstoff
Kopiervorlage für den Schriftzug
Vorbereitungen: *Zeitschriften und Zeitungen sammeln, das notwendige Material bereitlegen*

Hinführung

Die Litfaßsäule gibt als Informationsbörse einen Rund- und Einblick in das »Innenleben« anderer, wenn man bereit ist, etwas von sich selbst preiszugeben. Sie kann programmiert werden zu thematischen Aspekten wie »Ich freue mich über …«, »Ich danke für …«, »Ich hoffe auf …«, »Für mich ist wichtig …«, »Ich leide unter …«, »Wenn ich einmal groß bin …«, »Das wünsche ich mir bzw. dir …« usw.

Im Rahmen einer Ausstellung leistet sie als Anschlags- und Informationswand ihre Dienste. Als Geschenk zum Geburtstag ist sie eine schöne Alternative zur schlichten Glückwunschkarte.

Der einzelne oder die Gruppe lernt dabei, sich der eigenen Wünsche bewusster zu werden, sie auszudrücken und vor anderen zu artikulieren. Sie erfahren die Wünsche anderer, fühlen sich mit den eigenen Wünschen nicht mehr allein, gleichzeitig staunen sie darüber, dass andere Menschen ganz andere Dinge umtreiben. Die Unterscheidung in materielle und geistige Güter wird dabei zweitrangig.

Wer nicht basteln möchte oder kann, arbeitet mit der Kopiervorlage. Der Gruppenleiter entfernt ganz oder teilweise die vorgegebenen Wünsche und teilt die Kopien aus. In Stillarbeit und ohne Zeitdruck werden die Blätter beschriftet, evtl. ausgetauscht oder auf einem Wunsch-Kartonplakat, das auch zu einer Litfaßsäule geformt werden kann, gesammelt.

Sind die Wünsche konkret auf das Schul- bzw. Gruppenleben bezogen worden, kann die Litfaßsäule dem Gruppenleiter auf den Tisch gestellt werden, damit er sich über seine Klasse/Gruppe Gedanken machen kann.

Eine andere Möglichkeit wäre, die Litfaßsäule zu verschenken, wenn die Säule unter dem Aspekt »Das wünsche ich dir …« angefertigt wurde.

Durchführung

- Auf den DIN A4-Plakatkarton zeichnet man drei cm vom Rand entfernt an der Längsseite eine Linie ein.
- Dieser so entstandene Randstreifen wird im Abstand von ca. zwei cm eingeschnitten und an der Linie nach innen geknickt.
- Dann wird der Plakatkarton gerundet und an den Schmalseiten zusammen geklebt.
- Das Dach wird aus einem Kreis von acht cm Durchmesser aus Plakatkarton ausgeschnitten, an einer beliebigen Stelle bis zum Mittelpunkt eingeschnitten und überlappend geklebt und auf die fertige Säule gebracht.
- Anschließend werden die aus den Zeitschriften ausgeschnittenen Worte und Schriftzüge aufgeklebt.
- Das Thema bzw. Motto der jeweiligen Litfaßsäule schreibt man in das Spruchband und klebt es im oberen Drittel auf die Säule auf. Die Säule kann z.B. unter verschiedenen Aspekten angefertigt werden.

5.6 Tankstelle

Thema:	*Ermutigung*
	Lob
	Kraft tanken
Alter:	*ab ca. 10 Jahre*
Personen:	*Gruppenarbeit*
Dauer:	*ca. 30 Minuten*
Material:	*beliebig viele Zettel im Format ca. 15 x 10 cm*
	Stifte
	Tesafilm
Vorbereitungen:	*keine*

Hinführung

Worte, die verletzten können, oder Beleidigungen gehen meist leicht von der Zunge. Wie aber sieht es aus mit Lob oder aufbauenden Worten? Die kosten meist Überwindung oder werden einfach außer Acht gelassen. Diese Übung soll bewusster einmal stärkende, Mut machende Worte an andere richten, die diese dringend gebrauchen können.

Durchführung

- Jedes Kind beschriftet beliebig viele Zettel mit je einem »positiv« belegten Begriff wie zum Beispiel Gesundheit, Mut, Zukunft, Freiheit usw.
- Anschließend werden alle Zettel an eine Wand oder die Tafel geheftet.
- In einem Spaziergang vor der Wand sucht sich jedes Kind ein Wort aus, das es aufbauen könnte, es Kraft »tanken« lässt.
- An einem ruhigen Platz im Raum lässt jeder sein Wort noch einmal auf sich wirken: Warum habe ich gerade dieses Wort ausgewählt? Welche Gefühle und Wünsche löst das Wort bei mir aus? An welche Situationen erinnere ich mich dabei? Welche Bilder tauchen bei mir auf?
- Wer möchte, schreibt sein Wort noch mal selbst auf oder malt ein Bild zu seinem Wort.

Alternative

Die Gruppe versucht wie ein Bildhauer »lebendige« Denkmäler zu den einzelnen Begriffen zu stellen.

5.7 Wir machen Butter

Thema: *Gemeinschaft*
gemeinsam geht es schneller und besser

Alter: *ab ca. 6 Jahre*

Personen: *Gruppenarbeit*

Dauer: *ca. 20 Minuten*

Material: *ein leeres Glas mit Schraubdeckel*
ein Becher frische Sahne
Salz
evtl. je nach Geschmack Kräuter
Brot
Messer

Vorbereitungen: *benötigte Zutaten für das Butterrezept bereitlegen*
Stuhlkreis stellen, damit sich alle Teilnehmer gut sehen können und das Glas leicht weiter gereicht werden kann

Hinführung

Einer allein kann viele Dinge (siehe hierzu auch unter 5.2); aber gemeinsam kann man noch viel mehr, manches geht nicht nur schneller, sondern auch einfacher. Beim gemeinsamen Butter »schütteln« wird dies quasi spielerisch deutlich. Einer alleine würde es kaum schaffen die Sahne zu Butter zu schütteln; ihm würde der Arm weh tun, bevor aus der Sahne Butter geworden wäre. In der Gruppe kann man sich abwechseln. Man kann schauen, welche Methode des Schüttelns die anderen wählen und diese evtl. auch mal ausprobieren. Recht schnell liegt ein Ergebnis vor. Und nicht zu verachten: In der Gruppe hat es viel mehr Spaß gemacht.

Durchführung

- Die Kinder füllen alle Zutaten in das Glas, das mit dem Deckel fest verschlossen wird.
- Das Glas wird in der Gruppe reihum weiter gereicht.
- Jeder schüttelt es mehrmals kräftig und reicht es an seinen Sitznachbarn weiter.
- Schon nach kurzer Zeit kann man beobachten, wie sich ein erster kleiner Butterklumpen im Glas bildet. Achtung: Etwas Flüssigkeit bleibt immer im Glas zurück. Diese muss abgegossen werden.
- Die Butter wird auf die Brote geschmiert, die dann gemeinsam gegessen werden.

Alternative

Der Gruppenleiter kann auch vor dem gemeinsamen Buttermachen Karten mit Arbeitsaufträgen an je ein Kind geben. Auf den Karten stehen Dinge, die der Einzelne gut alleine machen kann, aber auch Aufträge, die unmöglich ohne fremde Hilfe bewältigt werden können. Die Gruppe tauscht sich anschließend über die gemachten Erfahrungen aus, z. B. darüber ob sich jemand Hilfe geholt hat usw.

5.8 Das Friedenslicht

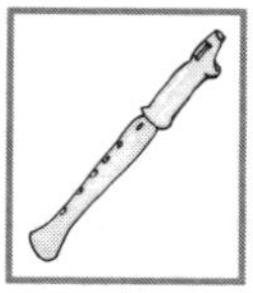

Thema: *Streit*
Vertragen
Friedensangebote
Alter: *ab ca. 9 Jahre*
Personen: *Einzel- und Gruppenarbeit*
Dauer: *ca. 10 Minuten*
Vorlesedauer: *ca. 7 Minuten*
Material: *keines*
Vorbereitungen: *keine*

Hinführung

Die Geschichte kann zum Thema »Streit und sich wieder vertragen« erzählt werden. Es bietet sich auch an, nach dem Erzählen der Geschichte jedem Kind ein kleines »Friedenslicht« mit nach Hause zu geben.

Die Geschichte kann auch mit der unter 5.9 beschriebenen Aktion kombiniert werden.

Durchführung

- Die Kinder hören die Geschichte vom Friedenslicht bis zur Stelle *»Ob Klara überhaupt mal rüber zu seinem Fenster gucken wird?«*
- Sie stellen Vermutungen an, welches Zeichen Paul Klara geben könnte.
- *»Paul holt eine docke rote Kerze aus dem Wohnzimmer.«* Der Gruppenleiter holt an dieser Stelle ebenfalls eine (rote) Kerze und zündet sie an.
- Die Geschichte wird weiter vorgelesen. Am Ende erfolgt ein kurzer Austausch über die Geschichte.
- Welche Friedensangebote haben wir nach einem Streit schon mal unserem Kontrahenten gemacht?
- Paul hat den ersten Schritt getan. Frieden, das heißt jeder macht einen Schritt auf den anderen zu.
- Jeder ergänzt für sich den Satz: »Frieden, das heißt für mich …«
- Die Kinder lernen »Das Lied vom Friedenslicht« kennen.

Weiterführung

- Die Kinder stehen im Kreis zusammen.
- Sie singen »Das Lied vom Friedenslicht«.

- Beim ersten Refrain zündet einer ein Teelicht am »Friedenslicht«, welches in der Kreismitte steht, an und reicht das Licht im Kreis herum.
- Das Lied wird weiter gesungen.
- Das letzte Kind stellt das Teelicht am Friedenslicht ab.
- Beim zweiten Refrain wird ein weiteres Teelicht entzündet und herum gegeben usw. bis alle Kerzen um das Friedenslicht herum stehen. Evtl. beginnt man das Lied noch einmal von vorne.

Wer möchte kann sich am Friedenslicht ein eigens Teelicht anzünden und mit auf seinen Platz nehmen. Das Teelicht darf dann während der Gruppenstunde brennen.

Geschichte »Das Friedenslicht«

Paul und Klara wohnen sich gegenüber. Paul wohnt in seinem Haus im 4. Stock. Paula im Haus gegenüber im 6. Stock. Deshalb muss Paul immer ein bißchen nach oben gucken, wenn er Klara sehen will.

So haben sich die beiden auch kennen gelernt. Paul stand am Fenster seines Kinderzimmers und Klara am Fenster ihres Kinderzimmers. Draußen regnete es und drinnen war es langweilig. Als Klara Paul gesehen hatte, hauchte sie die Fensterscheibe mit ihrem warmen Atem an, die Scheibe beschlug und Klara malte ein Fragezeichen hinein. »Aha«, dachte Paul, »das Mädchen will also meinen Namen wissen.« So hauchte er ebenfalls die Scheibe an und schrieb Paul rein. Auf diese Art und Weise unterhielten sie sich an diesem Nachmittag eine ganze Weile.

Am nächsten Tag schien wieder die Sonne. Paul stand am Fenster und Klara – fast wie verabredet. Aber nichts war verabredet – das taten sie erst jetzt. Paul zeigte mit seinem Daumen nach unten auf die Straße und Klara nickte. Dann zogen beide ihre Jacken an und trafen sich unten auf der Straße.

Klara und Paul verstanden sich sofort. In den nächsten Tagen wurden sie dicke Freunde. Wenn Paul eine Idee hatte, etwas zu unternehmen, ging er ans Fenster und schaute zum anderen Haus hinüber. Und meistens stand da dann auch gerade Klara. Und wenn Klara ihm »Gute Nacht« sagen und zuwinken wollte, dann stand meist auch Paul gerade am Fenster. Das ging viele Wochen so.

Doch heute stehen weder Paul noch Klara am Fenster. Die beiden haben Streit. Wie es angefangen hat, weiß eigentlich keiner mehr so genau – nicht einmal mehr, worum es eigentlich ging. Aber dass sie Streit miteinander haben und kein Wort mehr miteinander reden wollen – das wissen beide. Und doch vermissen sie einander. Paul hat auch schon heimlich hinter der Gardine gestanden und hinüber geguckt, ob Klara nicht vielleicht doch … Aber nein

– Klara stand nicht am Fenster. Was Paul nicht wissen kann ist, dass Klara auch heimlich hinter der Gardine steht. Aber das kann Paul nicht sehen und Klara kann Paul nicht sehen. So ärgern sich beide – jeder über den anderen – und beide sind gleichzeitig auch traurig. Paul überlegt, ob er hinüber gehen und an Klaras Tür klingeln soll? Nein, das sähe ja so aus, als ob er klein beigeben würde. Außerdem – was sollte er Klara dann sagen? Klara überlegt, ob sie Paul anrufen soll. Aber nein, dann würde Paul sicher denken, sie wolle sich entschuldigen und das will sie auf keinen Fall tun. Außerdem – was sollte sie Paul dann sagen? So leiden beide noch ein bißchen und überlegen, was sie dem anderen an den Kopf schleudern werden, wenn sie sich wieder sehen – so ganz zufällig auf der Straße. Oder ob sie sich vielleicht doch entschuldigen sollten? Das ist schwer. Aber auf den anderen böse sein ist auch schwer, weil sie sich doch so mögen. Und Streit haben ist noch viel schwerer.

Paul hält es langsam nicht mehr aus.

Er will Frieden schließen mit Klara. Aber wie macht man das? Im Wilden Westen schwenken sie die weiße Fahne, wenn sich eine Seite ergibt. Aber er – Paul – will sich ja nicht ergeben. Er will doch nur Frieden schließen. Und endlich hat Paul eine Idee. Es ist schon dunkel draußen, solange hat Paul gegrübelt und gegrübelt. Und jetzt hat er sogar eine Idee, bei der er nichts sagen muss – zumindest nicht mit Worten. Dann kann er auch nichts Falsches sagen. Ob Klara ihn trotzdem verstehen wird?

Ob Klara überhaupt mal rüber zu seinem Fenster gucken wird?

Paul holt eine dicke rote Kerze aus dem Wohnzimmer. Rot ist wichtig. Das kommt von Herzen. Paul zündet die Kerze an und stellt sie auf die Fensterbank. Im Dunkeln sieht das besonders schön aus. Dann versteckt er sich wieder hinter der Gardine. Er wartet. Paul wartet lange. Was soll er auch anderes tun. Schlafen könnte er jetzt sowieso nicht. Paul wartet. Er spitzt durch die Gardine und erschrickt. Auf der gegenüberliegenden Seite sieht er hinter Klaras Fensterscheibe ebenfalls eine Kerze brennen. Klara hat Paul geantwortet.

Gleich morgen werden sie sich wieder verabreden. Paul pustet seine Kerze aus. Aber er bringt sie nicht zurück ins Wohnzimmer. Er stellt sie auf sein Regal. Vielleicht brauche ich so ein Friedenslicht ja noch mal, überlegt er und schläft dann endlich ein.

Das Lied vom Friedenslicht

T.: Rolf Krenzer M.: Reinhard Horn

aus: Heft/CD »Friedenslicht aus Betlehem

2. Zögert nicht, zögert nicht!
Zündet an das Friedenslicht.
Ist die Welt voll Angst und Kälte
und von Hass getränkt,
sorgt dafür, dass seine Flamme
in dem Dunkeln Wärme schenkt.

Refrain
Zögert nicht, zögert nicht!
Zündet an das Friedenslicht.

3. Sorgt euch nicht, sorgt euch nicht!
Immer heller brennt das Licht.
Augen fangen an zu leuchten,
denn sein heller Schein
geht von einem zu dem andern
und geht tief ins Herz hinein.

Refrain
Sorgt euch nicht, sorgt euch nicht!
Immer heller brennt das Licht.

4. Sperrt euch nicht, sperrt euch nicht
und gebt weiter dieses Licht.
Von dem einen zu dem andern
weiter unbeirrt,
dass das Licht zu einem Zeichen eines
neuen Friedens wird.

Refrain
Sperrt euch nicht, sperrt euch nicht
und gebt weiter dieses Licht.

5. Dann verspricht, dann verspricht
unser helles Friedenslicht
allen, die den Frieden wollen,
dass vorbei die Nacht.
Voller Hoffnung zeigt sein Leuchten,
dass ein Anfang ist gemacht.

Refrain
Dann verspricht, dann verspricht
unser helles Friedenslicht.

Hinweis

Der hier gemachte Vorschlag eignet sich auch zur Gestaltung einer kleinen Gottesdienstfeier.

5.9 Friedensband

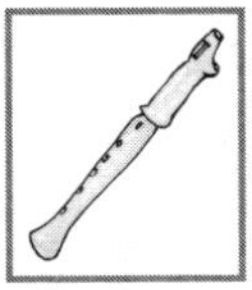

Thema:	*Frieden*
	Gemeinschaft
Alter:	*ab ca. 8 Jahre*
Personen:	*Gruppenarbeit*
Dauer:	*ca. 30 Minuten*
Material:	*ca. 4 cm breite Stoffbänder in der Anzahl der Kinder*
	Stoffmalstifte oder dicke Textmarker
	evtl. Meditationsmusik
Vorbereitungen:	*benötigtes Material bereitlegen*

Hinführung

Frieden – wer wünscht ihn sich nicht. Es scheint so einfach, wenn doch alle den Frieden wollen. Und dennoch gibt es immer noch viele Kriege auf der Welt. Unfriede entsteht aber auch schon im Kleinen, z. B. in den Familien da wo es Streit gibt, andere beleidigt werden oder ihnen Übles nachgesagt wird. Dieser Unfriede trennt Menschen und manchmal sogar ganze Nationen voneinander. Da kommt die Ermahnung »Seid fleißig zu halten das Band des Friedens durch die Einigkeit im Geist« nicht wie ein antiquierter Mahnspruch daher, sondern ist topaktuell. Was können wir tun, um den Frieden, da wo er noch herrscht, zu erhalten? Und was können wir tun, um dort Frieden zu schaffen, wo noch Streit und Krieg regieren?

Durchführung

- Jedes Kind schreibt den Satz »Seid eifrig bemüht, die Einheit des Geistes zu bewahren durch das Band des Friedens.« aus dem Epheserbrief 4,3 auf sein Band.
- Dann gestaltet es sein Band persönlich aus, indem es seinen Namen dazu schreibt oder etwas malt.
- Wir stellen uns im Kreis auf, halten mit der einen Hand unser Band fest und nehmen mit der anderen Hand das Band unseres Nachbarns in die Hand. So schließt sich nach und nach der Kreis.
- Evtl. wird dies durch Meditationsmusik untermalt. (Oder an dieser Stelle wird bereits das Lied »Ein Band von mir …« gesungen.)
- Das Band des Friedens verbindet alle miteinander. Wir singen das Lied »Ein Band von mir …«.
- Aber nicht wir alleine sind es, die den Frieden schaffen müssen; der Geist Gottes

hilft uns dabei. Wir knoten die Bänder zu einem großen Friedensband zusammen und hängen es im Gruppenraum auf.

Alternative 1

Wir überlegen, was wir tun können, damit der Friede in unserer Gruppe, in unserem Land, auf der Welt erhalten bleibt, so dass das Band nicht reißt.

Wir zünden eine dicke Kerze an und legen unsere Bänder wie Sonnenstrahlen ab mit dem Wunsch: »Der Friede des Herrn leuchte.«

Alternative 2

In der Gruppe wird besprochen, was jeder einzelne und die Gruppe gemeinsam zum »Frieden« beitragen kann. Anschließend malen oder schreiben alle ihren Beitrag zum Frieden auf das Band, schreiben ihre Namen dazu oder malen ihre Gesichter aufs Band. Im Anschluss daran wird das 4. Kapitel im Epheserbrief gelesen.

Epheser 4,1–6:

So ermahne ich euch denn, ich, der Gefangene des Herrn: Wandelt würdig der Berufung, die an euch ergangen ist, in aller Demut und Sanftmut, in Langmut, einander in Liebe ertragend, eifrig bemüht, die Einheit des Geistes zu bewahren durch das Band des Friedens. Ein Leib und ein *Geist, wie ihr auch bei eurer Berufung zu* einer *Hoffnung berufen worden seid.* Ein *Herr,* ein *Glaube,* eine *Taufe,* ein *Gott und Vater aller, der da ist über allen und durch alle und in allen.*

Alternative 3

Die Kinder schreiben den Liedtext auf ein Stoffband und verschenken die Bänder; z. B. in einem Gottesdienst zum Thema »Frieden«.

Ein Band von mir

M. u. T.: Wolfgang Longardt

2. Da wo wir wie Jesus den anderen seh'n,
um Gottes Geist bitten, da kann es gescheh'n: (Refr.)

5.10 Wortcollage

Thema: *Freundschaft/Partnerschaft*
Alter: *ab ca. 9 Jahre*
Personen: *Gruppenarbeit*
Dauer: *ca.40 Minuten*
Material: *pro Gruppe eine Kopie der Wortcollage im DIN A3-Format*
Stifte
Klebstoff
pro Gruppe einen Papierbogen im DIN A3-Format
Vorbereitungen: *Kopiervorlagen und benötigtes Material bereitlegen*

Hinführung

Beim Thema Freundschaft/Partnerschaft kommen vielen von uns ganz ähnliche, sicher aber auch unterschiedliche Gedanken. Jeder beschäftigt sich irgendwann einmal mit diesem Themenkreis. »Beziehungskiste« ist ein ebenso geflügeltes Wort geworden wie die »Beziehungskrise«. Jugendliche, aber auch schon Kinder differenzieren haarscharf zwischen Freundschaft, Kameradschaft und Partnerschaft; Erwachsene ergänzen dies um die Vokabel »Lebensabschnittsgefährte«. »Beziehungslernen« ist ein ebenso wichtiges Thema wie »Beziehungen leben«. Wer ohne Freund ist, gilt als »armer« Mensch.

Was macht Freundschaft eigentlich aus? Was stellt sie auf die Probe? Welche Erwartungen verbinden wir mit einer Freundschaft? Was gehört für uns zu einer Freundschaft unbedingt dazu? Was ist eigentlich ein Freund? Wie finde ich Freunde? Unendlich viele und wichtige Fragen, die angeregt über die Wortcollage zum Gesprächsgegenstand in den Gruppen werden können.

Bei dieser Methode geht es darum, sich auf unterschiedliche Weise einem Thema – hier Freundschaft – zu nähern, Vorerfahrungen zu bündeln, Erwartungen und Meinungen zu diskutieren. Aufgrund der Gruppenergebnisse kann dann die weitere Vorgehensweise geplant werden.

Wortcollagen können vom Gruppenleiter auch zu anderen Themen vorbereitet werden.

Durchführung

- Die Teilnehmer werden in drei Gruppen eingeteilt.
- Jede Gruppe erhält eine Wortcollage.
- Gruppe 1 diskutiert, welche Begriffe zum Thema Freundschaft/Partnerschaft gehören, welche nicht. Nicht dazugehörige Wörter werden gestrichen.

- Gruppe 2 tippt mit geschlossenen Augen auf 10 Wörter und kreist diese ein. Mit Hilfe dieses Wortmaterials erstellt nun jedes Gruppenmitglied oder die gesamte Gruppe einen Text zum Thema.
- Gruppe 3 malt auf einen großen Papierbogen den Umriss eines Menschen. Dann werden die Begriffe der Wortcollage ausgeschnitten und der entsprechenden Stelle der Körperzeichnung zugeordnet und aufgeklebt.
- Anschließend stellen die einzelnen Gruppen ihre Ergebnisse vor und berichten von ihren Erfahrungen.

Liebe, Hoffnung, Freude, Freunde, Freundin, Hund, Katze, Baum, Oma, Frieden, Telefon, Brief, essen, schreiben, spielen, erzählen, zuhören, einladen, vertrauen, verraten, lügen, Haus, Familie, küssen, streicheln, schmusen, Angst, Zeit, Erwartung, Vorfreude, Ferien, Erlebnisse, Abenteuer, Schule, Wald, Spaziergang, schön, blond, Spielplatz, Gewissen, Herz, Auto, Eis, Stadt, Kino, bummeln, lachen, verrückt sein, Liebeskummer, Eltern, Heimlichkeiten, Glück, warten, Enttäuschung, Verzweiflung, Siebter Himmel, Liebesbrief, Kirmes, Schokoladenherz, Sehnsucht, vermissen, allein, Zukunft, Bruder, Vater, einsam, Mutter, Schwester, Ruhe, strahlende Augen, roter Mund, Mutterglück, Kamerad, Aids, krank, reich, arm, Ausländer, Vorurteil, Missverständnis, lieben, weinen, träumen, Wünsche, brauchen, planen, ausnutzen, falsche Freunde, Kumpel, Pferde stehlen, Sexualität, Abschied, Umzug, heiraten, Ring, Kette, versprechen, Geschenk, schlafen, unterhalten, trösten, feiern, helfen, denken, testen, unterstützen, nett, gut, Ehrlichkeit, achten